微笑人生

樂在貧窮中

關麗珊

微笑人生・樂在貧窮中
作者／關麗珊
圖片／關麗珊、Shirley Chow
責任編輯／呂瑋宗
美術設計／Deep Workshop
出版發行／突破出版社
香港沙田亞公角山路33號突破青年村
電話：2632 0000　傳真：2632 0388
電郵：breakthrough@breakthrough.org.hk
網址：http://www.breakthrough.org.hk
http://www.btproduct.com
承印／陽光印刷製本廠
2015年11月初版1刷

Smile for a Lifetime
By Patsy Kwan
First Printing, First Editon, November 2015

Printed in Hong Kong
ISBN 978-988-8246-83-0

誠邀閣下就突破出版社的書籍發表意見

歡迎加入突破書籍 Facebook page — http://www.facebook.com/btbooks.page

本書採用環保油墨印刷

社會文化

目錄

PART I
80個塵俗中的快樂美學

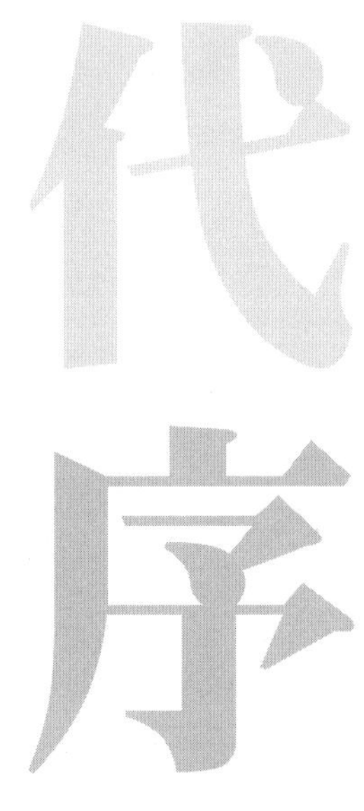

代序

| 關麗珊 |

畢加索說：「藝術可洗滌生活留在心靈的塵埃。」（Art washes away from the soul the dust of everyday life.）

我們是活在喧鬧擠迫都市的芸芸眾生，心靈始終會沾染塵埃。既然塵埃不能避免，也不必為此不快。正如中醫藥理論一樣，有毒的植物附近總有解毒的植物，大自然和藝術家的心血結晶都是藝術，給我們淨化心靈，只要我們懂得欣賞。

人天生可以溫煦微笑，大自然處處可見美麗的圖案和線條，生命就是藝術。

這本書淺談西班牙飲食、建築、生活美學和藝術等，希望大家愛上美麗的世界，繼續追尋自己的美麗人生。

PART I

80個塵俗中的快樂美學

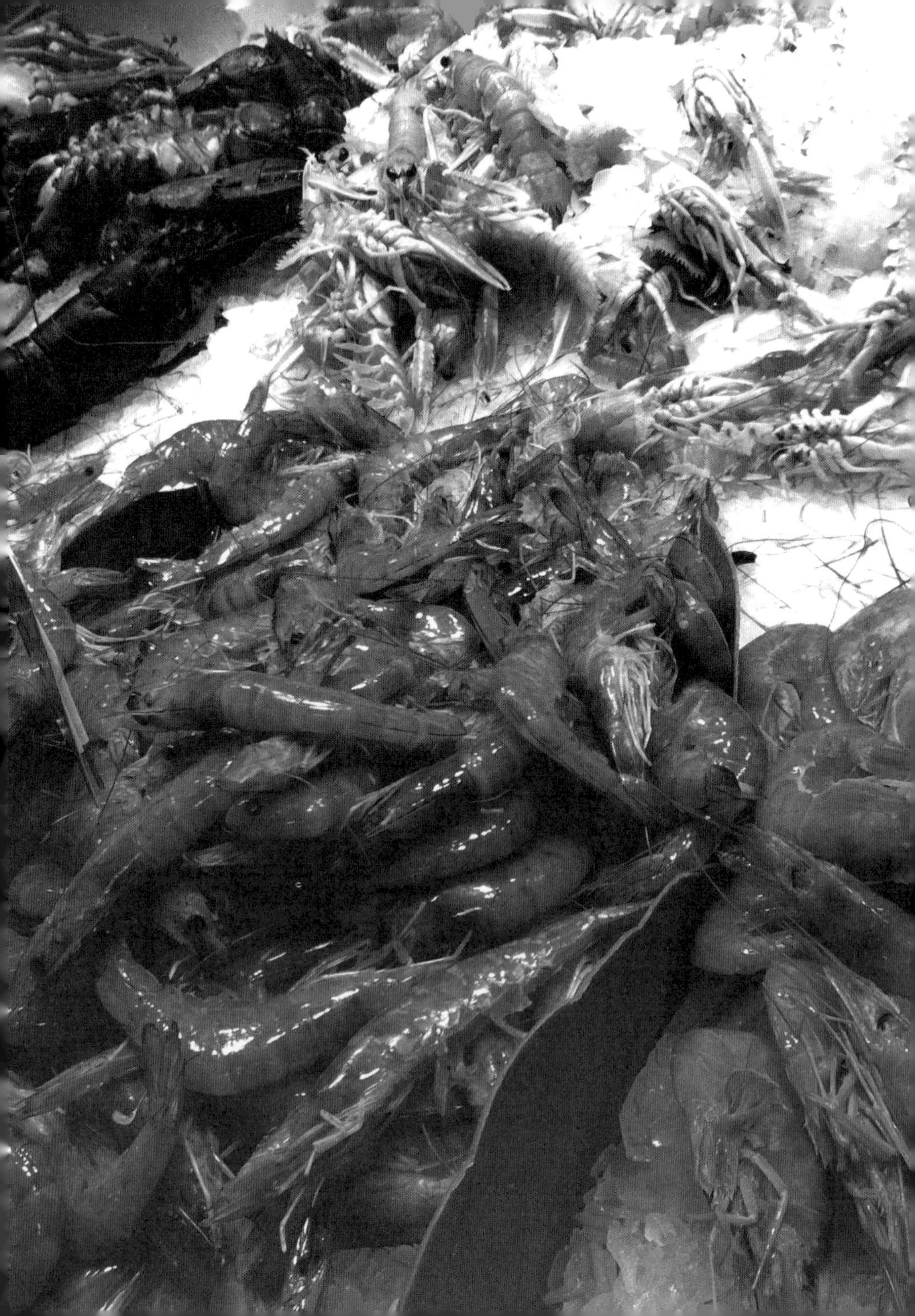

Chapter 1

色彩繽紛飲食美學

西班牙海岸線漫長，海產豐富。東南西北各有不同美食文化，唯一相同的是注重色香味俱全，顏色配搭鮮艷美麗，一桌子美食更是視覺享受。

001

客似雲來的吃喝天堂

巴塞隆拿的聖荷西市場（Mercat de Sant Josep de La Boqueria或簡稱La Boqueria）歷史悠久，十二世紀是露天市集，十五世紀變成豬肉市場，直至十九世紀，這兒仍是露天街市。一八四〇年，建築師Mas Vilà設計市集雛型，經過數十年加建和擴建，於一九一四年建成我們今日所見的室內市集。乘地鐵三號線在Liceu下車，走上出口，往最多人走的方向行就是。沿蘭布拉斯大道（La Rambla）走，大概三分鐘即可到達。

市場擠滿賣蔬果、海鮮、糖果、雪糕和火腿的攤檔，非常熱鬧，更有不少食肆，簡直是遊人必到，值得推薦。除攤檔外，市場還有大小不一的食肆，包括韓國料理和日本湯麪，大部分是吧檯形式，食客圍坐四周。當中有幾間較大型的食店，大部分客滿。

我們在午飯時間前到達，逛了整個市場，只見兩間賣海鮮的並排經營，一間用紅色檯布，不但客滿，還有幾個人排隊等位；另一間用藍色檯布，還未客滿。雖然不喜歡排隊等位，但沒道理光顧藍色檯布那一間，只好站在火腿店前等位，有些朋友便趁空檔去買火腿。排在我們前面的是一家中東人，女人穿伊斯蘭教服飾，包裹頭髮，但沒有蒙面，兩個小孩在等位時坐在地上，也許逛累了。

002

美而廉的好酒佳餚

等位的時候，看見一桌六個男人在大吃大喝，滿檯海鮮和啤酒，他們自稱是意大利遊客，吃得很高興，等他們結帳後，我們就坐他們的座位。

我們叫了三人分量的海鮮餐，另加西班牙飯、兩碟小菜和飲品。海鮮餐的青口味道一般，龍蝦不夠爽甜香濃。不過，他們的香蒜小蜆新鮮美味，鮮蝦肥美肉滑，蟹肉鮮甜。整體而言，食材和烹調手法均不俗。讓我們高興的是，五個人吃海鮮餐，肚滿腸肥的離開，只用一千港元。

這兒還有鮮榨果汁和果汁冰棒，大概二十港元，我飲士多啤梨汁，其他朋友各選心頭好，大家均對果汁滿意。往前走可見幾檔賣火腿的小攤子，有個朋友曾跟團來旅遊，說當時導遊指第一間最好，全部團友都在那兒買。火腿很難說哪間最好，因我不曾試齊各種味道，只知第一間最貴，走入街市內的店子便宜得多。

003

用比中位數稍低的火腿夾麪包已足夠

西班牙有許多火腿專門店，有些只賣火腿、有些則連同食肆。我在第一站馬德里，已購買了兩款不同價錢的火腿，準備拿回香港夾麵包食，就像當地食肆出售作早餐的火腿包。買了幾包送給家人後，到最後一站的市場又多買兩包給自己。同行友人購買貴價火腿做手信，我卻認為用售價比中位數稍低的火腿夾麪包已足夠，故沒有購買最昂貴的款式。回港一一吃罷，覺得馬德里買的火腿味道較香濃，巴塞隆拿街市的也不差，不枉我沿途拿它到處去。

後來，哥哥一家認為我送的火腿難食，但煮熟後尚可，便勉強吃光。沒有人會將黑毛豬火腿拿去煮，但他們喜歡怎樣就怎樣，反正是他們吃的。幸好有妹妹做證人，我買給家人和自己的火腿都相同，隨機抽出來分給哥哥、妹妹和自己，想不到我認為美味的火腿，卻無法贏得哥哥一家歡心。

004

天氣潮濕，一定要把手信及早吃掉

有個朋友在旅程當中沿途不買手信，到了旅程接近結束前，才到機場購買火腿。儘管機場店子所出售的火腿產品，較街市內所出售的昂貴，但質量也十分不錯。朋友的這個方法，也可以省下旅程途中拿手信的氣力。另一個朋友，又買了一大堆火腿做手信，可惜回到香港之後未及一一送出，有一包放在家中一個星期後便發了霉。那一包火腿，偏偏是當中最昂貴的。

我們在西班牙所光顧的火腿店，都使用真空包裝。有老闆說，以真空包裝好的火腿，在室溫中可以擺放接近一個月。我想，那一包火腿可能是進行真空處理時，未能夠抽走當中所有空氣，才導致變得容易發霉。所以，大家在外地購買食物的時候，記得要細心留意食物的包裝。因為，香港的天氣比世界上大部分的地方都潮濕，一定要把手信及早吃掉。

005

不為旅遊犧牲市民利益

跟不少巴塞隆拿地標一樣，聖荷西市場的遊客日漸增多，有些商販便開始感到不滿，認為遊客擠在附近拍照，會影響他們的生意。經商販一再請願以後，市政府便在最近推出新措施。有關當局於二〇一五年四月開始立例，逢周五、周六，由上午八時到下午三時，禁止十五人或以上的旅行團集體參觀聖荷西市場，好讓當地人可以如常地購物，不用再受大批遊客影響他們的日常生活。

當然，旅行團還是可以分派地圖給團友，讓他們各自前往市場閒逛，但最終還是要遊客們自律，大家才可以逛得舒舒服服的。西班牙夏天炎熱，南部城市的氣溫可以高達攝氏四十度。在下午，街道上人煙罕見，很多商店都關了門，可能大家都回家午睡去了。

006

飲番茄凍湯享受人生

大多數西班牙人是樂觀愉快的，即使國家陷入經濟危機，仍能享受人生。早上吃個美味早餐甚至連同午餐，下午睡覺幾小時，黃昏到酒吧吃小食，晚上八、九時許才吃晚餐。每餐的飲品和食物都款式繁多，單是湯已有冷熱多款選擇。當地人常飲番茄凍湯（gazpacho），淡淡橙色，凍湯入口冰涼，最能消暑解渴，有些還有加上西芹和洋蔥粒，飲湯前可隨個人喜好加進湯內。

中國飲食文化南北不同，北方人不會熬湯，只有近乎滾水的蛋花湯。南方人湯水充足，差不多說得出名的食材都可用來熬湯。然而，全中國的湯水歷史中都沒有橙色凍湯。加冰凍飲消暑解渴，那種淡淡的橙色番茄凍湯，更讓人心曠神怡。炎夏沒有胃口吃飯，看見橙色凍湯都會開胃起來。一般食肆售凍湯約四歐元一客，有機商店的紙包凍湯價錢相約，包裝像一公升紙包奶，味道差不多，唯便宜得多。如果在香港流行起來，買包放在冰箱在吃午餐時飲用也不錯，即開即飲，跟飲紙包的豆漿和牛奶一樣。

007

聖家堂月下的傻瓜

不同城市食肆的凍湯味道都差不多，大多是廚師煮的，只有巴塞隆拿的一間特別差。聖家堂附近大街有一列食肆，晚上坐在露天位置可看見月光下的聖家堂，環境開揚。也許正因環境佳、租金貴，食物只好將貨就價。那食肆的凍湯要四元三角歐元一客，比一般的貴，加了幾塊冰，但喝一口已覺不妥，味道太淡，應是紙包凍湯再加凍水而成。那餐晚飯大概要二千港元，有五個凍湯、兩個海鮮飯、羊扒、雞扒和牛扒各一款。羊扒煮得最差，好像燒焦的柴皮，可見羊肉並不新鮮，可能用豬肉假扮都吃不出來。還有，那一公升西班牙葡萄酒sangria是喝過最差的。

吃罷極不滿意，女侍應還推銷自製雪糕，我忍不住說食物太差，當遊客是傻瓜。四個朋友呆了好一會，我說已等大家吃罷才投訴。西餐通常先來一碟湯或前菜，要是湯和前菜美味，主菜不會太差，可考慮食甜品。假如湯和前菜不及格，這頓飯不必有期望，別說甜品，還要永不光顧啊。西班牙飲食價錢便宜、選擇眾多，除這間巴塞隆拿的露天食肆外，整個行程的食店水平均不俗。

008

街坊美酒雜飲夠氣氛

美味的Sangria是當地混入廉價紅酒和少許砵酒和生果的飲品，有些食肆加入橙皮和肉桂，顏色像加了水的紅酒，差不多每間食店都有供應。有些餐牌印明兩種紅酒名稱，不同紅酒收不同價錢，通常分一公升和半公升，一個人可飲半公升，只是兩杯而已。一公升只售十多歐元，是街坊飲品。我喝過的sangria味道各有不同，有些紅酒較多，有些加了生果粒，差的食肆會因加水太多變得淡而無味。起初覺得sangria像一般凍飲，喝多了發現也有一定量度的酒精成分。我在食肆見附近的男食客大多喝啤酒，女食客大多要半公升sangria，不曾見人喝醉，估計這飲品的酒精成分跟啤酒差不多。

馬德里酒店附近有間火腿專門店，早餐有火腿包加咖啡，售大概三歐元，比附近麥記的早餐便宜，晚上有一公升sangria加兩碟自選小食。有晚十一時許，三個人去食宵夜，要一公升sangria加火腿和芝士各一份，十歐元還不到。另外，後加兩小碟貴價火腿，想比較一下質素和味道，買單約三十歐元。如此售價，大家對sangria的酒味別抱不切實際的期望。不過，我是喜歡的。嗜酒的人到西班人牙不喝這種雜飲，認為只有遊客和女性愛喝，難怪我喜歡。我更喜歡那晶瑩剔透的紅色，很有度假氣氛。

西班牙「長夏」，由早逛到晚

順帶一提，西班牙酒類繁多，包括香檳。法國、德國、葡萄牙和西班牙均自稱為香檳原產地。由二〇一〇年九月起，香檳受歐盟的地理標示保護制度（PGI）約束，除了這四個國家的指定地區外，其他地方生產的酒不能稱為「香檳」。

中醫學將事物歸納為五行對應，明明只有四季，放在五行中就要加入「長夏」。夏天，總比其他季節漫長似的。西班牙天氣炎熱，由早到晚都見陽光，晚上八時許仍未天黑，當地人在我們慣常的宵夜時間才吃晚飯的。逛足一整天以後，我仍錯覺未到晚飯時間，看鐘才知道已近睡眠時間。

我在馬德里和巴塞隆拿各住四晚，有些朋友假期不多，在兩個城市只留一、兩晚。齊人後一起遊了七個城市，日日朝七晚十二，好玩但疲累。如果用一個月或以上時間，去遊歷相同的行程，相信會更好玩。

010

早上喝杯鮮橙汁，人自然精神百倍

幸好西班牙的早餐多有鮮榨橙汁，早上喝杯鮮橙汁，人自然精神百倍。最便宜的是馬德里的街坊餐館，橙汁配火腿牛角包和咖啡的早餐只用三元五角歐元。塞維亞餐廳的相類似早餐售三元九角歐元，有些朋友不喜歡套餐指定款式的包，便索性散叫，咖啡和包價錢相若。侍應錯誤多拿一杯橙汁過來，付鈔時才知橙汁要二元二角歐元。

由於要看的風景太多，大家經常忘記吃午飯，或隨便吃一點東西，沿途只管大量喝水。一點五公升清水，最便宜的超市賣二角歐元，最貴的小店賣一元二角歐元，處處不同價錢。喝水和食雪糕多了，便不想吃東西。

無論超市還是小店，當地收銀員都會說“aqua”，即是「清水」，示意我們去買。黃昏後，我們有時會走入西班牙的酒吧和食店吃小食（tapas），通常有橄欖、麵包、魚塊和肉丸等，每件都小巧精緻，嘴巴大的人可以一口一件，要不然，都是咬兩口就吃完。

011

沒語言天分，想飲凍湯便翻書引證

西班牙的餐館大多有菜牌，或在小黑板用粉筆寫上當日的精選。有一天經過餐館，友人說，是日午餐的主菜是雞。大家便問友人怎會知道，才說先前有些餐牌有英文對照，友人就記得雞的西班牙文是“pollo”。巴塞隆拿通用加泰隆尼亞文（Catalan），雞是“pollastre”。

曾經學過法文幾個月，老師以日常生活用字來教授，例如以食物做教材，我還記得雞的法文是“poulet”，歐洲語文看來有點接近。不過，到法國旅遊時，還是看法英對照的餐牌點菜。有些人別具語言天分，看幾次就記得日常用字，乘地鐵時同一站名聽過幾次，就可字正腔圓的讀出來。我沒語言天分，在收據看過番茄凍湯是“gazpacho”，看過十次也不能直接寫出來，只好翻書引證。

012

原本是農家大雜燴，有什麼材料就用什麼

在西班牙文當中，我最先學會的詞彙是“paella”，即是西班牙海鮮飯。差不多在每一個城市，都可以看見餐牌上有這一個詞彙。西班牙海鮮飯起源自西班牙北方的加泰隆尼亞區，當中又以巴塞隆拿的選擇較為多。

它就好像中國人的炒飯，原本是農家大雜燴，有什麼材料就用什麼。而材料方面，主要是新鮮的海鮮，有時又會加入雞肉和兔肉。我所吃過的頂多有雞肉，卻沒有兔肉，再加些蔬菜和番紅花等香料，一起炒焗而成。此外，也有人在當中加入墨魚汁，變身成為黑色的飯。在香港，我都喜愛吃西班牙海鮮飯，旅遊期間當然會大吃特吃。不過，盡吃也不超過十小鑊飯的分量，想起來都覺得回味。

013

決心減肥的朋友不妨選擇在「長夏」旅行

西班牙還有獨特的蛋餅，以洋蔥和薯仔做餡料的蛋餅稱為"tortilla espanola"；餡料有火腿、大蒜和番茄的稱為"tortilla murciana"。不過，以個人口味來說，我不太懂得欣賞蛋餅的味道。

在馬德里逛街的時候，我看見有麵包店用西班牙國旗的三種顏色製作圈餅，看來很有趣，但我卻沒有買來食，可不知道當地人是否喜歡這種顏色的食品。由於行程緊密，有時要省掉吃午餐和黃昏小食的時間，直至晚上九時許才會吃晚餐。即使大吃大喝，有幾天只得早餐和晚餐，又大量喝水、再加上體力勞動，結果便瘦了幾磅回香港。

決心減肥的朋友，不妨選擇在「長夏」旅行，不過很容易曬得太黑的。不打算閱讀《唐吉訶德》原著的朋友，大可以由食物名稱開始學西班牙文，見得多、用得多自然有進步，但小心吃得太多，胖了十磅回家啊。

014

一日三餐要吃得好

朋友都知道我喜歡吃。出外旅遊，我樂意住青年旅舍和廉價酒店，乾淨即可。酒店只是洗澡和睡覺的地方，但一日三餐要吃得好。到東歐旅遊時，我們常住暑假出租給旅客的大學宿舍，甚至睡火車站，但會去著名餐廳吃烤鴨餐，還在布達佩斯漁人堡的餐廳午膳，面對多瑙河吃一頓好的。有些朋友認為我奇怪，寧願用一晚住宿錢吃一餐，也不用來購物。我認為吃東西不單是味覺享受，還跟健康有直接關係，無論別人說我如何嘴刁，我都不認為吃得挑剔，只不過選擇有益而愛吃的食物而已。

西班牙不同地區飲食文化各有不同，接近地中海的地區跟北非和希臘近似，我覺得南歐的烹調方法很對胃口。除喜歡意大利和希臘菜，更愛價廉物美的西班牙菜。西班牙盛產橄欖，橄欖油出口量世界第一。好像到突尼西亞旅遊一樣，由一個城市乘車到另一城市，沿途都見無數橄欖樹，差不多每餐都有幾款橄欖，不用刻意點單。我喜歡吃橄欖，無論青色和黑色的都愛，在西班牙餐館要點橄欖小食的話，可向侍應稱“aceituna”。

015

無論是tapas還是paella都見番茄蹤影

西班牙菜最常見的是番茄，容易購買。一九四五年起，小鎮布尼奧爾舉辦番茄節，每年逾四萬遊人參加，把數以十萬計的番茄運到大街小巷任人互擲，每次約消耗逾一百噸，可見西班牙的番茄產量十分豐富。紅色的番茄配合各種西班牙菜，無論是tapas還是paella都見番茄蹤影，如果無法煮好番茄，那個廚師也不敢說懂得煮西班牙菜。

近年番茄飯在香港大熱，在飯上加個番茄煮熟，值得推介。番茄有豐富營養價值，多吃有益，可即食或熟食，兩者營養不同。就中國人體質和飲食習慣，還是煮熟吃較有益。不生火煮食，面對最大難題是衞生，沙門氏菌和不少藏在土壤和糞便的細菌不溶於水，無論將蔬果洗得多乾淨都會藏在裏面，進食後入侵人體。只有高溫煮食才可確保安全。

由於西方人愛吃沙律，美國和歐洲都曾爆發大規模感染。當局要追蹤污染源頭，但不知是生菜、蘿蔔抑或是青瓜惹禍，未必能找到污染農場和產物的原因。食物質素很重要，尤其是不經加熱直接食用的，必須注意來源，最好選擇新鮮及經嚴格品質檢定的。

016

「地中海式飲食」維他命豐富

聞名的「地中海式飲食」少肉多菜，吃沙律多用脂肪量少的橄欖油；「素食」則更為清淡，有些素食者提倡初始食物（raw food），不生火煮食，或以低溫烘焙，將蔬果分類放入攪拌機攪好，製成賣相好看而可口的食物。蔬果的維他命往往在高溫中流失，尤其是維他命C，初始食物能夠保留多種維他命，尤其是素食者最易欠缺的維他命B12，多見於動物肝臟食物，也見於某些植物胚芽，素食者經常要補充維他命B12的。

「地中海式飲食」一般有大量沙律，各式橄欖和乾果提供不同的維他命。主菜多是煎魚，還有麵包和少量紅酒或白酒。此飲食法儘量減少用火煮食，若減去用火煮的主菜，加入用攪拌機攪好的蔬果，那就是「原始素食」了，能減輕我們消化系統的負擔。我的飲食習慣是多菜少肉，但我至今仍非素食者。茹素與否是不必爭拗的。食肉，並不比人對人的剝削殘忍，素食不見得可以救地球、救生靈。不過素食的確有益，多吃粗糧和蔬果對腸胃最好。

017

西方人沒健脾理論，不過飲食文化同樣有養生民間智慧

以五行理論來說，「長夏」跟土對應，五臟為脾，重視健脾祛濕，多用薏仁、黑豆、紅豆、綠豆、黃豆和白扁豆等煮甜品或粥，可當作清水飲用。各種豆和薏仁全部都可吃，不用加糖，嗜甜者稍加糖亦可。西方人沒有健脾理論，不過，他們的飲食文化同樣有養生的民間智慧。

以西班牙凍湯為例，在攝氏三、四十度的城市生活，當然不會喝熱湯令人熱上加熱的，凍湯正好提供營養，同樣讓人飲得舒服。凍湯材料多是小番茄、紅洋蔥、紅椒、青瓜和蒜頭等，只要全部切粒或切碎，加上香料（如九層塔和羅勒）、黑醋、橄欖油和調味料，再加番茄汁拌勻，不用煮，冷凍就可以食。西班牙主婦都懂自製凍湯。凍湯材料各有不同，除上述材料外，有些人愛加黃椒、青椒和小紅尖椒等，不用黑醋改選用紅酒醋。這些食材全是富營養的食物，適宜在攝氏十度至十五度飲用，味道清香，顏色鮮艷，不但令人胃口大增，同樣有益脾胃。

018

西班牙人沒有中醫健脾理論，只是世世代代的飲食文化已是健脾的

不少西班牙菜不經烹調，就像先前提到的初始食物（raw food）一樣。但“raw food”仍未有共通的中譯，也有人稱為「生機飲食」。陽光燦爛的南歐如西班牙盛產橄欖，飲食文化多以生冷的沙律和凍湯為主。多款tapas都不用煮的，例如在麪包或多士上加塊芝士或橄欖，有助脾胃運化。有鑊氣的廣東菜，還要熱騰騰起筷的話，相信絕大多數西班牙人都受不了，甚至看見一桌子冒煙熱葷已在滴汗。

中醫認為常食肥甘厚膩食物最傷脾，例如辛辣、味濃和甜膩的食物，古語是「濕重困脾」。按現在的醫學理論解釋，就是養分太多，人體無法消化和吸收這類食物的營養。中醫指的「痰濕」會令人發胖（中醫常說「肥人多濕」）、易倦和嗜睡等，長期食得肥甘厚膩會引致糖尿病、風濕骨病和代謝紊亂等各種長期病。西班牙的傳統飲食習慣正正是健脾開胃，即使沿海流行的海鮮飯都不覺肥膩。由於日長夜短，他們習慣黃昏吃tapas，九時後才吃晚飯，正好少食多餐，餐餐八分飽。西班牙人沒有中醫健脾理論，只是世世代代的飲食文化已是健脾的。可見，傳統飲食文化不能忽視，因為每代人都會將最好的流傳下去。

019

西班牙、意大利、希臘和摩洛哥人很少患心臟病和糖尿病

從中醫古籍可見，當時醫師多在四季分明的北方生活，對活在亞熱帶氣候的香港人來說，部分理論並不合用。北方人冬天吃羊肉暖胃強身，燥熱的香港人食多兩次就流鼻血吧。飲食宜忌要看個人體質和環境配合。中醫理論說，常飲冰冷飲品會寒濕困脾。不過，西班牙夏天氣溫接近攝氏四十度，在那樣的環境下飲熱茶分分鐘中暑。加上他們多戶外活動，經常出汗，即使日日飲凍湯，體內也不易凝聚寒氣。

營養學家早已發現，西班牙、意大利、希臘和摩洛哥人很少患心臟病和糖尿病，普遍長壽，發現跟他們的「地中海式飲食」習慣有關。西班牙人多吃橄欖油，橄欖油含有最高比例的單元不飽和脂肪酸，所烹調出來的菜式有別於肥甘厚膩的多油煮食方法。他們又少吃紅肉，食物蛋白質多來自低脂肪的魚貝海鮮，各種豆類含有豐富植物性蛋白質，保持心臟血管暢通。常用的香料如百里香、紫蘇、鼠尾草、胡椒薄荷和薄荷等，都有助消化。此外，地中海地區盛產葡萄，紅酒含白藜蘆醇，適量飲用有利健康。

020

快樂的飲食習慣，也是健康長壽的原因之一

多吃原產地食物最有益，西班牙的「地中海式飲食」，正正善用所盛產的食材。廣東的陳皮和老薑適合廣東人體質，配搭得宜可補中益氣。但你拿陳皮和老薑給西班牙廚師煮食，根本不會用對，吃了也不見得有益。所以，飲食宜忌要配合天時和地理，不過，有些原則是共通的。例如，日本傳統飲食也和「地中海式飲食」原理接近。近海的日本居民多吃魚和菜，同樣多生吃食物，口味清淡，小食多餐。他們正正是少食中醫所指的肥甘厚膩食物，如辛辣、味濃和甜膩，而多吃新鮮蔬果，不傷脾胃。很多東西方的健康飲食理論都一致，可惜許多人知道卻做不到。

中醫主張「食不言」，專心品嚐食物味道最好。但矛盾的是，吃飯時間正是最多傾談的。西班牙人享受飲食，食物又並不昂貴，大家喜歡聚在一起飲酒、吃小食。這樣快樂的飲食習慣，也是健康長壽的原因之一。如果日日愁眉苦臉食飯，食材多講究都沒用。

Chapter 2

浪漫唯美的藝術世界

西班牙窮人不少，不過逛藝術館時，總會遇上神情愉悅的人，大家一起在華麗國度享受美麗盛宴。

021

高第不說西班牙語

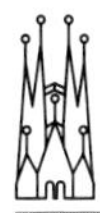

在巴塞隆拿地鐵看見話劇*Dubte*的海報，單看四個主角的造型，已經知道是曾經搬上銀幕的電影*Doubt*（香港上映時改名《聖訴》）。海報印有修女、校長和神父的大特寫，扮演年輕修女和少年母親的排在較後位置。

我起初以為舞台劇*Dubte*用西班牙文，有讀者指"dubte"並非西班牙文，而是加泰隆尼亞文，我才留意這兩種語文的分別。內戰令西班牙統一，西班牙加入歐盟後，巴塞隆拿人一直想獨立，政治和歷史錯綜複雜，二〇一四年要求獨立的呼聲更高。

高第（Antoni Gaudi, 1852-1926）是不世天才，關於他的專書甚多，都寫他終生以加泰隆尼亞為榮，只說地區方言，不說西班牙語。高第的建築設計融入大自然，建築物頂部不時以生果設計，還有他喜愛的花朵和蜥蜴，聖家堂主殿更有如動植物公園。他所用的全部生物，都可見於西班牙北部，更有一些獨特植物是他自己生活的地區獨有。

022

古今中外的人性自有共通點

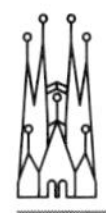

香港近年有普通話比廣東話優的論調，其實世上語言各有特色，粵語有春秋時代的楚國遺風。由於不像北方語言混入鮮卑、蒙古和女真等外族語言，粵語保留古詩的音律神韻。粵曲和粵劇是藝術，並不限於一時一地。以語言藝術來說，粵語是精煉多姿的語言。

電影*Doubt*的修女和神父，分別由梅麗史翠普（Meryl Streep）和菲臘西摩荷夫曼（Philip Seymour Hoffman）飾演，兩人是演技較量，我覺得好看。由舞台劇改編的電影場景變化不大，要是由欠缺魅力和演技的演員演出，整個故事會大打折扣。電影是「第八藝術」，演技精湛的演員都是藝術家。可惜，菲臘西摩荷夫曼因濫藥英年早逝。

路經巴塞隆拿的劇院，看見掛上巨型的宣傳海報。這話劇在全球重演無數次，可見西班牙人是如此重視表演藝術。宏偉漂亮的劇院名為Reial Academia de Ciencies i Arts，在內裏演足一個月，當地話劇觀眾並非少數。香港同樣有話劇團，將這個一九六四年於紐約天主教學校發生的故事搬上舞台。古今中外的人性自有共通點，在錯綜複雜的人際關係裏，我們很難知可有怪錯好人，也難以確定可曾錯信壞人。

023

地球上的生物已轉了幾代，唯教堂依然在興建中

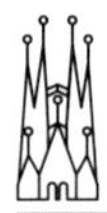

高第的建築物吸引世界各地的人前往欣賞，唯他只說加泰隆尼亞語。他在建築物加入當地植物和水果，忠於自己，在沉默的建築物設計上，讓世人看見天才建築師的堅持。城市高速轉變，只有一座教堂仿似擁有生命，由一八八二年開始興建。百多年後，地球上的生物已轉了幾代，有些更已絕種，唯教堂依然在興建中，預計二〇二六年完成。

巴塞隆拿的聖家堂（La Sagrada Familia）是建築師高第畢生的傑作，他的建築物不用直線，因大自然沒有直線，聖家堂是他最後作品。我們在早上到達巴塞隆拿，住在聖家堂附近的旅館，安頓後先吃豐富早餐，然後前往參觀，發現輪候買票入場的人龍圍繞整座建築物大半個圈。個個在烈日暴曬下排隊，仍甘之如飴。由於太多遊客，只好即時改變行程。

翌日早上在教堂開門前排隊，人龍短得多，排隊時還可看街景，看見許多新奇事物，例如電單車型小汽車，頂多坐兩個人，歡迎租用。在歐洲不時見細小汽車，有些是並排坐兩個人的，這類汽車應該省油，泊車也容易，塞車時走位靈活。買入場票時，順道買票乘升降機上塔頂，然後拾級而下，漩渦似的樓梯設計，彷彿無窮無盡似的，所以花點錢乘升降機是值得的。

024

天才不一定早逝，別迷信

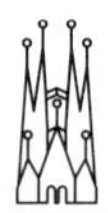

聖家堂可逗留一整天，喜歡建築設計的人走進教堂，就如老饕置身盛宴，對教徒來說更是豐盛的心靈旅程。教堂內可隨意拍照，但不能亂走，內裏光線讓每張照片都添上榮光似的。教堂內有許多擎天巨柱，是模仿大自然的參天古樹。高第相信森林是最接近神聖的地方，置身在內確有神聖感覺。地庫展出高第的模型和手稿，可惜部分在二戰時被毀，若沒有他留下的模型，聖家堂是無法建成。

出來時可細心欣賞外面的雕刻。大部分建築師喜歡數字，高第不例外。初到聖家堂，見大門外刻有獨特的數字符號，初時想不通。禮物店也出售相關精品，你看有何意思？按專書解釋，表格的十四個數字，可橫計、豎計和兩邊斜線計算，寫成十題四個數字相加的算式，十題加數的總和都是三十三，三十三是《聖經》記載耶穌活在世上的歲月。

1	14	14	4
11	7	6	9
8	10	10	5
13	2	3	15

我的夜校中文科老師愛說冷笑話，說孔子的學生顏回早逝，後世稱天才的生命關口為「顏子關」，即三十三，然後列舉古今早逝天才，包括耶穌，繼而笑說自己也擔心過不了，當過了三十三歲後才抹一額汗。高第的設計有不少漩渦線條，這是大自然的神秘圖像，沒有窮盡似的。我覺得三十三是神秘數字，中國人說三三不盡，也許有我未及參透的玄機。不過，高第於七十多歲因車禍離世，天才不一定早逝，別迷信。

025

若耶穌以自己做到的標準要求門徒達標，相信彼得一說謊就要永遠跟公雞一起

看過神秘數字後，最易認出的雕像是猶大親吻耶穌，和三次不認主的彼得以及公雞。世界各地的教堂內外都有不同雕像，我喜歡從其衣服和外型辨認。同一個《聖經》故事人物，落在不同國家的雕刻師手中便有不同形貌。然而，教堂的雕像總有共通點。

歐洲教堂雕像外形近似，門徒中最易辨認的是彼得，他手握鑰匙，有時是圓形鑰匙圈圈住一大串鑰匙，有時是手握一大條鑰匙，他是天堂守門人。以色列有座為彼得而建的教堂，教堂頂是一隻公雞，讓人遠遠看見就記得彼得在耶穌被捕後，跟耶穌的預言一樣，在雞啼前三次不認主。聖家堂以大型雕刻細說耶穌一生，彼得雕像附近有隻公雞，生動表達他正在說他不認識耶穌。

“Peter”這名字有在盤石上的意思，可隱喻為信心堅定如盤石，而非鬆散如流沙。然而，信心堅定如彼得都會因恐懼說謊，也許想到說真話未必可以救耶穌，反而會連累自己，先是本能反應說謊，然後一而再、再而三的說謊。若耶穌以自己做到的標準要求門徒同樣達標，相信彼得一說謊就要永遠跟公雞一起，不能手握鑰匙。

026

收銀員不用他買那隻破碟，還讓他拿一隻新的

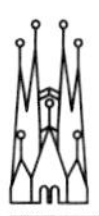

離開前，大部分人都會到聖家堂的禮品店選購禮物，禮品店門外大排長龍，我等了好一會兒才能內進。走進禮品店後，便覺得花時間排隊是十分值得的，店內有之前提到十六個數字的圖案精品出售。由於有人流控制，讓每個客人有足夠空間慢慢選購物品，可以逐一研究精品的設計。

我購買高第設計的蜥蜴圖案湯匙和飾物，還有兩本關於建築師高第的書，一本是*Gaudi*，另一本是*All Gaudi*，兩本都有不同語文版本，我買了英文版。排隊等候付款，前面的日本人拿了一疊瓷製小碟，放在收銀處時，不小心跌破最底的一隻。曾經在當地的店舖，看見有店主貼上告示，寫明打破東西是要賠錢的。我見日本人連聲道歉，但收銀員卻不用他買那隻破碟，還讓他拿一隻新的。

除聖家堂必遊外，還有很多高第建築。喜歡設計的朋友為了欣賞高第的設計，都要多預留幾日在巴塞隆拿。

027

與眾同樂，非奎爾公園莫屬

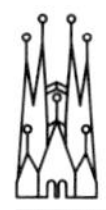

高第的設計各擅勝場，無分高下，說到與眾同樂，非奎爾公園（Park Güell）莫屬。奎爾公園建於一九〇〇至一九一四年，百年來帶給無數遊人快樂。起初，公園門外貼有告示說明免費入場。當時，如有人發售門票便是騙徒。告示不像我慣見的教人如何報警求助，可能被騙以後，報警都沒用。

公園佔地二十公畝，由高至低的依地形而建，底部以八十五根巨柱支撐，用色悅目可愛。高第愛將大自然融入他的設計之中，如聖家堂高塔頂上是當地不同的生果。他喜歡將蜥蜴作設計焦點，還有噴水池和糖果屋，及蘑菇頭和椰葉的鐵門。種種超現實又純真的設計，都讓人恍如走入童話世界。

高第的設計的圖案色彩繽紛，多用彩色波浪型陶瓷片拼貼而成，連天花板都有不同的彩色拼圖，四處可見鑲滿瑰麗色彩的碎磁磚和鏡子，沒一處讓人感到沉悶單調。遊人可帶食物來公園野餐，地方夠大，玩足一天也不厭。當地人喜歡到這兒遊玩，也見有新人到公園拍結婚照，也許太多遊客看見穿婚紗的新娘就舉機拍照，我見她的表情也有點不耐煩啊。

028

窮人不少，他們仍可到不少免費而美麗的地方遊玩

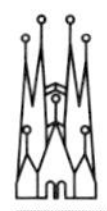

西班牙跟北非接近，只相隔直布羅陀海峽，不時有黑人小販在西班牙遊客區擺檔，單在奎爾公園也有五個，他們賣扇子、太陽眼鏡和手袋等。為方便「走鬼」，小販會用布鋪在地上擺貨，布的四角各有一條繩子，小販手握四條繩，發現風吹草動，立刻拉起四條繩，將地上的布變成袋，貨物全收在袋中即可跑掉。

西班牙窮人不少，仍可到不少免費而美麗的地方遊玩，可見世界總有美好而平等的一面。可惜，隨遊客不斷湧至，這樣美好而平等的地方也要收費。巴塞隆拿是美麗的旅遊城市，值得一去再去。也許世上有相同想法的人太多，讓面積約為香港總面積十分一的巴塞隆拿擠滿遊人，二〇一三年錄得史上最高紀錄的七百五十萬人次，早已影響巴塞隆拿人的生活，甚至破壞古蹟和文化。巴塞隆拿人一直忍受旅客人數上升帶來的不便，包括租金上升，街坊小店絕迹，生活環境擠迫等，沒料到連一直免費的奎爾公園都因遊客太多而徵收入場費，每日限制八百人次入場。

029

公園是高第送給巴塞隆拿人的禮物

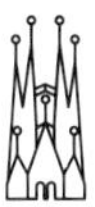

公園是城市人的休憩園地，現在要收費，當地人便發出怒吼，抗議政府放任旅客摧毀美麗的巴塞隆拿，要求政府限制旅客人數。香港一定明白巴塞隆拿人的感受，遊人並無犯錯，他們也不想旅遊時擠在一起，當地人更要承擔旅遊業過度發展帶來的傷害。賺錢的是另一些人，責任在政府身上，應限制旅客人數。奎爾公園是天才建築師高第送給巴塞隆拿人的禮物，沒料到政府將「禮物」變成招徠遊客的生財工具。百看不厭的城市建設，讓人有如置身美術館一樣，從小懂得欣賞美好事物，潤物無聲，比掛在博物館的名畫更具藝術薰陶能力。高第計設的美麗建設分佈在巴塞隆拿，有七處被列入世界遺產，留給世人的瑰麗建築如下：

名稱	中譯	興建時間	成就
Temple Expiatori de La Sagrada Familia	聖家堂	1882-	列入世界遺產
Casa Vicens	維森之家	1883-1888	列入世界遺產
Pavellons de la Finca Güell	奎爾房地的小舍	1884-1887	
Palau Güell	奎爾宮	1886-1889	列入世界遺產
Col.legi de les Teresianes	聖德肋撒學院	1888-1889	
Casa Calvet	卡爾倍特公寓	1898-1899	
Torre de Bellesguard	貝列斯誇爾德塔	1900-1909	
Park Güell	奎爾公園	1900-1914	列入世界遺產
Porta de la Finca Miralles	米拉萊斯房地大門	1902	
Casa Batlló	巴特略之家	1904-1906	列入世界遺產
Casa Milà	米拉之家	1906-1912	列入世界遺產
Església de la Colonia Güell	奎爾居住區教堂	1908 - 1917	列入世界遺產
Escoles de la Sagrada Familia	聖家學校	1909	

030

很少天才如畢加索，很早成名，還可一次比一次走得更高

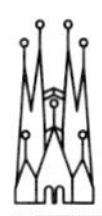

在巴塞隆拿看電視，有個一閃而過的廣告非常吸引，可惜廣告太短，只得我看過一次，無法重看和與朋友商議。除三個著名的天才外，其他的不大肯定。廣告是黑白的，最先出現七歲的李小龍，然後是奔跑中的神奇小子劉易斯，接下來的是西裝筆挺的畫家達利。廣告以不同領域的天才宣傳商品，畫家選取鬼才達利，而非同鄉畢家索。

西班牙是天才輩出的國家，高第是不世天才，達利是鬼才，同是西班牙人。在博物館禮品店看見一本畫冊名為*13 Artists Children Should Know*，選出兒童理應認識的十三位藝術家，達利和畢加索雙雙入選。另一本書是有關兒童理應認識的十三幢建築物，高第作品自然入選。

要以天才賣廣告的話，單以西班牙人已夠人數。不過，用上香港的李小龍和美國的劉易斯，就有世界大同的感覺。天才起步較易，但要保持頂級地位，分分鐘捱得比普通人辛苦。以李小龍為例，武術哲學和流麗身手獨一無二，兩者均需要長時期思考和鍛煉而成。很少天才如畢加索，很早成名，還可一次比一次走得更高。

031

到西班牙旅遊，單是追蹤天才足迹已經夠忙

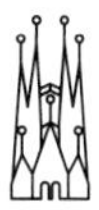

到西班牙旅遊，單是追蹤天才足迹已經夠忙，好像畢加索，單是他的美術館已有不少，如他的出世地馬拉加（Málaga），那是他十歲前生活的地方，陽光海灘的城市，還有他的故居（Casa Natal de Picasso），展示他童年的照片和相關文獻，地方不大。另外，有他的美術館（Museo Picasso de Málaga），收藏他的兒媳捐贈的作品，大概有二百件，但不是畢加索最好的創作。

馬拉加是細小城市，由火車站徒步可到兩處關於畢家索的地方，一逛無妨，可以知道天才畫家的成長過程。不過，愛畫的朋友就要去馬德里和巴塞隆拿，看畢加索後期的作品。還有，他有不少名作在世界各地美術館展出，私人收藏的也不少，每次拍賣都可賣得天價。他的故鄉反而很少他的名作，街上的仿作反而比美術館收藏的更有名。到過不少著名美術館，看得最多的是畢加索作品，除個別畫家美術館如梵高美術館外，差不多所有美術館都有畢加索的畫。他留在世上的作品甚多，知名美術館都有收藏。

032

名畫的龐大面積讓人清楚看到戰爭的殘酷和慘烈

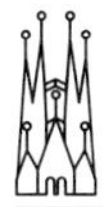

西班牙是畢加索的出生地，看過多本書介紹他的作品，均認為現於馬德里蘇菲亞王妃藝術中心的《格爾尼卡》（Guernica, 1937）是重要作品，不少人認為那是全球著名畫作之一。細看《格爾尼卡》的感覺是震撼的，我先為整堵牆那麼巨大的名畫面積感到驚訝，實際面積是三米半乘七米八，只適宜美術館展出，名畫的龐大面積讓人清楚看到戰爭的殘酷和慘烈。

西班牙在一九三六年至一九三九年發生內戰，佛朗哥找來德軍於一九三七年四月二十六日瘋狂轟炸格爾尼卡，畢加索以此為題材繪畫這不朽名作。西班牙內戰是血腥撰寫的歷史，估計有三十五萬西班牙人在內戰中死去。據說有人問畢加索如何繪畫如此可怕的景象，畢加索答並非他繪畫這幅畫，而是由戰爭「繪畫」的。這幅畫一直在紐約現代美術館展出，直至西班牙恢復民主制度，才按照畢加索遺願在一九八一年運回西班牙。大家上搜尋網鍵入這畫的原名或中譯，都可看見這幅立體派的黑白名作。《格爾尼卡》中央有受傷的馬，左邊是牛，牛下面是抱住死去孩子的悲愴母親，四周還有戰死的人和握劍的手等。

033

單看這畫已值得遊西班牙

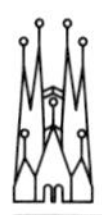

展館中有許多《格爾尼卡》相關的草圖，在美術館看畢加索的畫作多了，自然也發現他繪畫了非常多的草稿，每幅畫作都經過細心描繪和部署的。無論是抽象畫還是寫實畫，都不是隨手繪畫而成的。不少人將畫中的牛，解讀為法西斯主義。在畢加索的專書中，看到他的親自解說，他認為畫中的動物是必要的，馬代表人民（people）；而牛則代表獸性殘忍（brutality）和黑暗……

有本導遊書的作者認為，逛遊藝術中心單單是看這畫，已值回票價。我卻認為，單看這幅畫已值得遊西班牙。除了展出這畫的馬德里蘇菲亞王妃藝術中心之禮品店，在西班牙不同城市的博物館禮品店，都會看見以名畫《格爾尼卡》所印製的汗衫、滑鼠墊和筆記簿等產品。但我卻沒有購買，更好奇哪樣的人會購買這畫作的複製品回家呢？

034

畫作太悲慘，免費送件名畫汗衫給我也不要

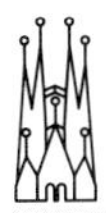

我從*Picasso*一書看到畫家解釋他筆下的獸性與黑暗，坊間有不少論者認為那是反法西斯主義的，但畢加索否認畫中的牛代表法西斯。我覺得這幅畫太黑暗太悲慘，彷彿聽到抱住死去兒子的母親哭聲，即使免費送件名畫汗衫給我也不要，更不會在家貼上這畫的複製品，或使用相關物品。

《格爾尼卡》初稿沒有頂部的燈，後來才有馬頭上的燈光，有論者認為象徵復仇之眼。最早的復仇之眼傳說來自古埃及，遊埃及時不時看見這隻眼，據說土耳其常見的圓圈圖案同樣代表復仇之眼。我在兩地都沒有買隻眼回家，無緣無故幹嗎要買隻復仇之眼回家「睥住」自己呢？

這是至今仍然有人解讀的名畫，不同書籍的作者有迥異的理論，例如手抱孩子哭泣母親構圖已有不同解說。還有繪畫的是戶內還是戶外，依然具爭議。認為是戶外的人指出，死去士兵和牛都應是戶外；戶內派則指出燈光應是室內的。以畢加索的抽象主義來說，繪畫三隻眼兩個鼻的女性是同時展現她的正面和側面。那麼，《格爾尼卡》也可同時是戶外和戶內。

035

因知道圖像背後的意思，更可想像畫家創作愉快

選購了畢加索筆下的鴿子和鮮花餐墊，也買了他繪畫風景的汗衫，還有抽象線條的袋，因我知這些圖像背後的意思，更可想像畫家創作愉快。鴿子是畢加索畫筆下常見生物，儘管他更愛畫女人。他的故鄉馬拉加有許多鴿子飛來飛去。也許歐洲沒有名菜紅燒乳鴿，街上的鴿子都不怕人，三五成羣隨處覓食。

畢加索的忘年戀情婦於一九四九年在巴黎為他誕下女兒，他為女兒取名帕洛瑪（Paloma）。"Paloma"在西班牙文解作「鴿子」，也許做父親的總想女兒純良似鴿，她長大後以"Paloma Picasso"為名推出香水。帕洛瑪畢加索沒有學畫，不過藝術一直跟她同在，除香水外，她是著名首飾設計師，還參與成立巴黎的畢加索美術館。

之前提到「復仇之眼」，曾看過一本書提醒人別亂買手信，以免將邪惡的意念帶回家。據說大英博物館的黑貓是埃及文物，連禮品店的複製品都不宜買回家。我曾想買這黑貓擺設，既看過人寫別要買，加上見價錢貴就索性放棄，只買黑貓書簽，至今未見黑貓作惡。

036

為了畢加索而自毀的人全是身體健康的，應該自己掙錢

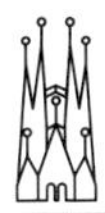

不過，有本書看後更加難以釋懷，那就是畢加索孫女撰寫的《我的爺爺畢加索》，有時不忍心看下去。

畢加索的孫女Marina Picasso，以大半本書批評畢加索如何毀滅她的父親。畢加索的兒子一輩子就是他的兒子，彷彿沒有自己的人生。畢加索風流成性，令妻子奧爾加含恨而終，那是作者最愛的祖母，可惜相處時間太短。還有，作者筆下的母親只是貪戀畢加索媳婦名號的女人，整天瘋瘋癲癲。最悲慘的是，她的哥哥在畢加索下葬那天飲清潔劑自殺，在醫院痛苦三個月後死去。

我無法認同作者的觀點，以畢加索一人之力，他無法毀滅那麼多人。為了畢加索而自毀的人全是身體健康的，應該自己掙錢，遠離畢加索的名利網，追求自己的人生，而非走去畢加索的大宅討錢，然後感到被他冷待和忽略。

037

是我，還是畢加索，誰更自私？

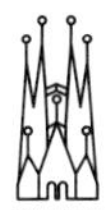

作者數落爺爺的時候，竟然數到她和哥哥不曾在畢加索的畫中出現，這樣看藝術家的選材，未免主觀得偏頗。幸好，經過十四年的精神分析治療後，畢加索的孫女終於清醒過來，這樣子寫在書裏：「我總算明白，原來我心目中爺爺的形象被歪曲了。」

畢加索的親人太重視他了，重視到只能仰望他的地步，令彼此無法溝通，也沒有人將畢加索看作平常的爺爺和爸爸。即使有不少人在身邊，但畢加索比誰都孤獨。也許當局者迷，旁觀者清，我不時想對書狂喊幾聲，希望喚醒作者。作者由童年開始，便活在名人的陰影和壓力之下。

她一再強調，經過十四年精神分析治療後，才想到「是我，還是畢加索，誰更自私？」

038

但金錢無法帶給他和家人幸福快樂

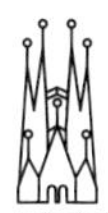

畢加索是史上最有賺錢能力的藝術家，作品種類繁多，許多名畫在拍賣行以天文數字出售，但金錢無法帶給他和家人幸福快樂。藝術史有段著名的秘戀曝光事件，話說在一九二七年，四十五歲的畢加索在巴黎地鐵站外邂逅十七歲的瓦爾特（Marie-Thérèse Walter, 1909-1977），讓她成為自己的情婦。那時候，畢加索跟俄羅斯芭蕾舞蹈員奧爾加（Olga Khokhlova, 1891-1955）結婚接近十年，有個五歲的兒子保羅，童年時代的他曾是爸爸名畫主角。

一九三二年畢加索展出一批油畫，包括以瓦爾特為模特兒的《讀書》（La Lecture），近年以二千五百二十萬英鎊賣出。畫中是半裸的瓦爾特，奧爾加熟悉畢加索的創作，即時識破丈夫婚外情，帶同兒子離開他。奧爾加至死仍是畢加索的妻子，兩人沒離婚。另一幅以瓦爾特為模特兒的名畫《坐在窗前的女人》（Femme Assise Pres d'une fenetre），拍賣售出價為二千八百六十萬英鎊。另一幅以她為主角的《裸體、綠葉和半身像》（Nude, Green Leaves and Bust）更拍賣得一億零六百五十萬美元，為截至二〇一五年春季為止畢加索拍賣最高價的作品。可見，她是畢加索的繆思，即是靈感來源，以她為模特兒的畫在近年拍賣市場屢創新高。

039

藝術家難以掩飾感情，或不願掩飾

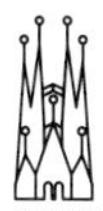

藝術家難以掩飾感情，或不願掩飾。畢加索以不同的女人為模特兒，在奧爾加和瓦爾特以外還有其他女人。看他繪畫的模特兒，可見他對模特兒的感情真摯，無奈熱情來得快，去得也快。

畢加索的孫女在書中談到喜愛她的祖母，可惜奧爾加長期臥病在床，無法跟兒子和兩個乖孫多點相聚。跟畢加索有關的人大多活得不快樂，儘管畢加索名滿天下，非常富有，但家人不像家人，恍似各自寂寞，無法溝通。一九三五年，瓦爾特為畢加索生了一個女兒，那時候，畢加索已移情別戀。儘管兩人繼續時有往來，瓦爾特也不過是他的情婦之一，單方面情深義重。畢加索於一九七三年離世，瓦爾特於四年後自殺。

繞圍藝術家身邊的人大多不幸，幸運的是有機會欣賞藝術作品的知音人。來到畢加索的故鄉西班牙，喜歡藝術的要預留多點時間在馬德里看畫，到蘇菲亞王妃藝術中心，起碼要看生於西班牙的三大天才畫家作品，除畢加索外，還有達利和米羅，都是一代藝術家。

040

四周是公園，彷彿可以讓人回到油畫描繪的古代似的

馬德里有世上三大博物館之一的普拉多美術館（Museo Nacional del Prado），跟巴黎的羅浮宮和倫敦的大英博物館齊名，擁有世上最完善的西班牙藝術品，要每件藝術品看一會兒的話，也許要預留幾日時間。沒那麼多時間就要重點出擊，看美術館的鎮館之寶。我逛美術館時會拿免費簡介，有時買本專書參考。對油畫認識不多的人，看見Diego Velazquez（1599-1660）的《仕女圖》也不會知這幅名畫是鎮館之寶，很易走寶啊。他被譽為西班牙最偉大的畫家，影響深遠，據稱畢加索和達利都曾向他學習。

除固定展品外，美術館常辦不同的畫展，二〇一二年六月底見「最後的拉斐爾」（El último Rafael），展出他多幅作品。拉斐爾（Raphael da Urbino, 1483-1520）是意大利文藝復興時期的著名畫家和建築師，常逛美術館的朋友對他的作品不會陌生，難得在馬德里又遇上他。普拉多美術館是漂亮建築物，四周是公園，即使在馬路旁，環境也寧靜優美，那天還有騎馬的巡警經過，彷彿可以讓人回到油畫描繪的古代似的。

041

我常自覺富有，因為看過無數藝術品

人人知道營運博物館花費不少，即使不賺錢，仍要接受捐獻和收入場費才能維持基本開支和保養維修，沒錢就沒辦法談藝術了。不過，藝術是人類共享的，博物館沒道理收費啊。既要有錢營運下去，又要開放給所有人，只好開設免費時段。免費時段特別多人，樂意買票的人不喜歡在免費時段逛博物館的，正好各有所取，讓藝術可以有價、也可以無價。以西班牙為例，馬德里的美術館在關門前兩小時免費入場，預時間去排隊就可。巴塞隆拿的博物館如畢加索美術館，在每個月第一個星期日免費開放，門外自然看見長龍排隊入場。

香港的科學館、博物館和藝術館等都有每周一天免費入場，可上網或致電查詢。不過，即使入場免費，特別展館仍要收費。我常自覺富有，因為看過無數藝術品，由衷感謝古今天才將美好的一切模擬和凝固下來，讓我可在美術館駐足細看，心生喜悅。富商可花錢買些藝術品回家。然而，無論私人收藏家多麼富有，可買的都有限，更買不到藝術家最重要的作品。我們多逛博物館，只要付點入場費、甚至免費入場就可欣賞無數藝術品，簡直是貴族享受。

042

讓她們知道即使貧窮，仍可不亢不卑的到任何地方去

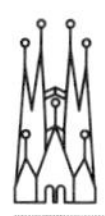

獲得奧斯卡最佳紀念長片獎的《尋找隱世巨星》（*Searching for Sugar Man*）是精彩的紀錄片，拍攝美國西班牙人歌手Sixto Rodriguez（1942-）的真實故事。他在美國出過兩張唱片，沒人買，只好做勞工養妻活兒，我覺得跟他保持用西班牙名字有關。Sixto Rodriguez在美國出世，Rodriguez是西班牙普通姓氏。大家不妨留意美國紅星的名字簡單易讀，以這樣的姓名做歌手，要走紅也不易。不過世事異常奇妙，因緣際會有人將其唱片帶到南非，在當地大受歡迎，但盜版唱片極為暢銷，他得不到一毛版稅，只好繼續做窮爸爸。女兒在鏡頭前說他是好爸爸，常帶她們到有錢人去的地方，讓她們知道即使貧窮，仍可不亢不卑的到任何地方去。

所謂有錢人去的地方不過是博物館和展覽廳，我覺得這片段很有意思，希望本地家長多帶子女去不同場合。貧窮是心態，世上最美的東西總是免費。在南非歌迷努力尋找下，終於找到Sixto Rodriguez，讓他多次到南非開演唱會，大受歌迷擁戴，收入暴漲。不過，他沒改變生活習慣，仍住在舊屋，反正世上最美麗的東西總是免費。藝術世界是平等的，人人都可親近美好、遠離醜惡，常逛美術館的人即使家裏沒錢，一樣是上等人。西班牙窮人不少，不過逛藝術館時總會遇上神情愉悅的人，一起在華麗國度享受美麗盛宴。

24.00

Chapter 3

快速時裝美學

西班牙快速時裝以轉款快和售價低取勝，很快讓全球消費者習慣廉價選擇，放棄追求質素和品味。

043

快速時裝跟快餐一樣，普羅大眾都負擔得起

時裝（fashion）是追求精緻時尚的服飾，跟成衣有本質分別。然而，當變成大量生產的快速時裝（fast fashion）後，跟成衣的界線漸趨模糊。快速時裝跟快餐（fast food）一樣，普羅大眾都負擔得起，但一切來得較粗糙，正反映時代轉變。有經濟學理論說流行迷你裙的年代經濟向好，流行長裙時反映經濟轉差，這些理論或可逗人一笑。不過，我們確實可從時裝潮流變遷，觀照時代盛衰，不在乎裙的長短，而是消費模式的轉變。

上世紀八十年代，日本首富是堤義明，擁有西武百貨、鐵路以至是棒球隊等。曾連續四年登上福布斯全球富豪排行榜首位，那是日本號稱全民中產的黃金時代。現今的日本首富是時裝品牌Uniqlo的主席柳井正，估計個人資產近一百億美元。日本人不再追求款式獨特的高質素時裝，轉而購買大量生產的廉價成衣，可見全民中產神話破滅。我每次去日本都會逛百貨公司，有些百貨公司有整層畫廊定期辦藝術展。不過，我很少在百貨公司買衣服，Uniqlo的倒買過幾件。

044

快靚正的成衣正秒殺精緻時裝

歐洲是時裝王國，巴黎和米蘭的時裝展總是擠滿人。然而，高檔時裝早已風光不再，今年福布斯全球富豪排行榜第三位，是西班牙快速時裝品牌Zara創辦人奧爾特加（Amancio Ortega），估計他有五百七十億美元身家。以前的型人聊及時裝，由法國牌子說到意大利款式，再數到英國街頭衣着都未提到西班牙設計。不過，西班牙快速時裝以轉款快和售價低取勝，很快讓全球消費者習慣廉價選擇，放棄追求質素和品味。

廉價款多的快速時裝席捲全球，每星期有新款選擇，衣物源源不絕，唯用料一般，不少人每件只穿幾次，頂多穿一季。由於便宜，讓人感到多買幾件用來襯色都好啊。快速時裝引起許多爭議，時裝生意變成時裝以外的討論。比方說，「快靚正」的成衣正秒殺精緻時裝，大量生產的衣物讓消費者忙於轉款，很易過度消費和浪費。快速時裝售價廉宜，多在發展中地區生產和漂染布料，未必有資源保護當地環境。

045

世界不會為任何人停下腳步，我們起碼跟時代同步向前

從消費者角度來看，我喜歡快速時裝因為花費不多，人人可以穿戴得時尚醒目。況且成衣便宜不等於要浪費。我買衫不多，穿到殘舊以後投進舊衣回收箱，不會浪費。

時裝生意競爭大、變數多，我覺得買時裝比買時裝股容易。先前有隻製衣股由十九元跌到約十二元，買了少許，十三元沽出，再跌回十二元左右。另一時裝股由十二元跌到十元許時買少許，有人估計會升到二十元，也有說會跌到四元，翌日見升過十二元即沽，第二日又跌到比我前日買入價低，經紀建議我撈回，我再買。不過，買來買去都是細銀碼。這間公司聘用快速時裝公司的前總裁企圖轉型，但到二〇一四年底所見，始終未能成功扭轉劣勢。我買時裝股當作參與一場遊戲，加深認識快速時裝年代的經營方式。活在商業社會，文藝青年都要懂得股市運作，世界不會為任何人停下腳步，我們要跟時代同步向前。

046

我分不出貴價色和廉價色，只知減價時通常剩下「騎呢色」

西班牙有兩大著名的快速時裝品牌，分別為Zara和Mango，無論在哪個城市閒逛都見到其分店。減價前沒多少顧客，減價時才擠滿人，可見當地人生活不易。由於經常逛街，發現有些店舖是真減價，有些不是。前者是減價前後貨品一樣，減一半就是減一半。後者是減價前的衣服全部不見，換上另一批從來沒見過的，原本等減價才買的衣物，減價時遍尋不獲。

我不打算在外地買快速時裝，因為香港有分店，價錢相若，就算有差價也不值得加重行李啊。有個朋友讀紡織設計的，見大減價建議走進Zara逛一圈，說有兩件外套不錯，建議我買。一件是芥辣黃中褸，一件是鮮綠色外套，友人說兩種顏色都是矜貴顏色，讓人穿得臉色好，尤是鮮綠色的，那種綠混入金線，穿得人精神奕奕。

我分不出貴價色和廉價色，只知減價時通常剩下「騎呢色」，很難穿得好看，尤其是綠色會穿得人「青BB」，我穿上會變青色小怪人的。反正一試無妨，我兩件都試穿，友人叫我照鏡看清楚，說那種綠真是帶點彩，可見是貴價顏色……我連照鏡都看不出綠得有彩。兩件外套試穿合身，看看價錢，原價約六百元港，減價一半，即時拿去收銀處。三百港元一件外套，好歹都算有牌子的，穿着落街買報紙都好。

047

護膚品代言人總是沒有毛孔和皺紋，根本不是正常人模樣，但消費者仍然趨之若鶩

時裝品牌Mango由二〇一二年一月開始用美國名模Kate Moss做代言人，逛過幾間，漸發現我對名模有偏見。無論多走紅，由初見她的廣告至今，只覺發掘她的伯樂真有眼光，我看不出她會走紅。五呎六吋的她能擠身超模行列代表市場受落。可能我有偏見，也許我不喜歡太瘦的模特兒。該牌子的分店放滿代言人照片，幾乎每款衫都在衣架附近放她的8R照片，但她穿得好看不等於我穿得好看。有個朋友原本少用護膚品，自從她的偶像做某牌子代言人後，就只用某牌子護膚品。見過這樣的實例，才知代言人有用。

在傳媒介紹電子產品的多是性感女郎，友人戲言代言人未必懂得用自己推介的電腦產品。我說她不必懂，能吸引消費者購買產品就是稱職的代言人了。護膚品代言人總是沒有毛孔和皺紋的，根本不是正常人模樣，但消費者仍然趨之若鶩，那為我的「十大不解城市謎團」之首。最近聽人說有新的護膚品找代言人，產品零售價二、三百元，用一線藝人可能令潛在消費者卻步，用二、三線藝人又怕吸引力不夠。選擇代言人是商業考慮，而非代言人是否愛用那產品。二〇一三年春季起，Mango轉用名模Miranda Kerr為代言人。品牌不斷轉用代言人，相信市場部一直關注代言人跟生意額的關係。

048

乾濕褸款式千載不變

首次去歐洲旅遊前，我在加連威老道的出口店買第一件乾濕褸，三百多元，墨綠色，膠鈕，雖是中下價貨品，但人見人讚。在火車睡覺又可當冷氣被用，至今仍在衣櫃。乾濕褸款式千載不變，我總是趁減價時買的，想不到已買十多件，原價都是四位數，最便宜的是兩折買回來。

我覺得乾濕褸易穿易襯，將全部鈕扣好繫好腰帶，就是斯文連身裙。同一件乾濕褸不扣鈕，襯衛衣牛仔褲運動鞋的話，就是舒適休閒服。秋冬季去旅行的話，我一定帶乾濕褸，在飛機睡覺可代替毛毯。日本乾濕褸的款式和顏色千變萬化，上班族大多有一件乾濕褸，春夏兩季換上短身薄料的款式。曾在日本百貨公司買杏色和草綠色的薄身乾濕褸，附送用相同布料縫製的長方袋，約是化妝袋大小，可把褸摺疊放進袋內。遇上大風和微雨可穿上，感到太熱可脫下袋好，真是細心的設計。

英國天氣陰涼多雨，在街上很少見人打傘，細雨時男女多穿乾濕褸冒雨而行，一眼望過去，有種沉鬱而優雅的感覺。不同年齡的成年人都可將乾濕褸穿得好看，二十歲穿乾濕褸活潑有型，八十歲穿同一件乾濕褸大方得體。所以，我不願拿乾濕褸去舊衣回收箱。

049

普遍香港人將身材焦點放胸前，男女如是

美國休閒服專門店開幕，聘請一羣赤裸上身的陽光男孩來港，傳媒不斷報道，勝過賣廣告。美國癡肥者眾，不過重視身材的民眾也多。美國有多個品牌的休閒服都以線條簡單和質料舒服見稱，村上春樹長期捧場，當他購買出席大場面的服裝，才光顧同鄉「玲姐」的。妹妹曾在美國出口店幫我買條A&F運動褲，越南製造的。她見我經常嫌長褲吊腳，刻意找條大碼加長，褲長四十四吋，對我來說稍長。過長的運動褲不宜運動，但可乘飛機時穿，質料舒服，適合旅行。美國模特兒比賽曾有身高六呎二吋的少女勝出，她在香港不可能買到合身的成衣，在美國倒有不少成衣選擇。她說起讀高中時常被人取笑太高，可見全世界都有無知的人。

普遍香港人將身材焦點放胸前，男女如是，有些人更不惜「僭建」到不合人體比例。不妨留意外國「賣有型」的成衣，衣服剪裁比例自然，更有看似沒有設計，穿上才知巧妙，例如腰長腳短的人穿上某些成衣可予人腰短腳長的觀感。美國人常穿休閒服遛狗或跑步。香港人大多運動不足，與其留意別人的腹肌，不如多做運動保持健康啊。快速時裝品牌有齊各種服裝選擇，乾濕褸和休閒服的選擇並不少。不過對環保人士來說，快速時裝很易變成浪費衣物，所以，購買衣服時不必為便宜而大量購買，應買自己需要的，而非想要的，穿舊了不妨送給別人或慈善團體，可不要隨便將衣服變成垃圾啊。

050

時裝應該讓人想起美好人生

關於納粹德軍屠殺猶太人的作品大多沉重，但有兩本書是不少國家的中學教師推薦學生閱讀的，一是真實的《安妮的日記》，猶太女孩安妮法蘭克在躲避德軍時寫的。另一是小說《穿條紋衣的男孩》（*The boy in the striped pajamas*），那是納粹德軍給猶太人在集中營穿上的囚衣。

二〇一四年八月，Zara推出一款童裝是條紋汗衫，左胸前有一個黃色星星圖案，顏色酷似上述的納粹集中營的囚衣。囚衣是直條紋，童裝是橫條紋，不過那種顏色組合近似，儘管品牌負責人解釋童裝上的星星並非猶太教「大衞之星」，而是西部電影中的警長胸前配戴的星星標章，該款T恤名為「警長」，但解釋是無用的。

法國的藍白橫間條紋是長青的設計，即使設計師認為條紋加星星是時尚設計，但那種顏色配合那顆星星讓人想起集中營，始終是失敗。Zara最終「誠摯道歉」，所有相關產品下架銷毀，事情才告一段落。有些人認為自由沒界線，我相信自由要有自律的界線，創作自由亦如是。比方說，將軍國主義、納粹主義和法西斯主義相關的符號放在作品並非創意，而是壞品味，讓人想起邪惡而非美善，時裝應該讓人想起美好人生。

051

It's the way we express ourselves

電影*The Duchess*（內地譯為「公爵夫人」，香港上映的片名是《叛逆激情——她與戴安娜的命運》）。主角Georgiana Cavendish（1757-1806）以時尚美麗見稱，丈夫問她，為何女人的衣服設計如此繁複，她回答："It's the way we express ourselves"。當年的男人可讀書寫作，也可在公眾場所議論國事，有許多途徑表達自己的想法。然而，女性就只能將心思放在帽子和衣履之上，以時裝表達自己是怎樣的人。現今女性的表達途徑已多，但時裝仍是不可或缺。各地元首妻子在公開場合所穿的，都被全球傳媒議論。不少人選擇穿上自己國家的設計師衣飾，有些新銳設計師因名人穿過自己的設計而成名。

英國王妃Kate Middleton已成為新一代的時尚icon，多穿英國牌子衣服，她和小王子穿過的成衣都會熱賣，成為英國時裝的免費代言人。現今的另一政壇時尚icon為西班牙王后、曾做電視新聞主播的Letizia Ortiz，她時尚觸覺強烈，懂得配搭出鏡的衣服。由於上一代王室有太多貪污和窮奢極侈的負面新聞，現任王后常穿西班牙的快速時裝Zara和Mango的出品，尤其愛穿長褲，間中配搭名牌衣物，營造既時尚又廉潔的形象。一身衣飾是每個人的沉默表態，名人如是，普通人如是，這是我們展示自己的途徑。

052

從藝術角度來看，時裝是醜陋得令我們忍六個月就要換走的？

作家王爾德（Oscar Wilde, 1854–1900）天才橫溢，喜歡華衣美物，以幽默角度談論時裝：「從藝術角度來看，時裝是醜陋得令我們忍六個月就要換走的。」在王爾德的年代，時裝只能流行六個月是誇張的短暫，今日就是誇張的漫長，快速時裝（fast fashion）個個星期都有新款，怎能忍受六個月才換一批呢？部分消費者甚至不能忍受衣物能夠穿一季似的，每季都買大量快速時裝，好像幾日就換季一次，逐漸養成過度消費的浪費習慣。

大家不妨翻開快速時裝的標籤細看原產地，自然看見無論是南歐還是北歐品牌，都在第三世界國家生產，以前的中國製造成衣傾銷全球，自從內地經濟起飛，工資倍升以後，廠商將生產線搬走。現在的成衣原產地多是柬埔寨、孟加拉、巴基斯坦和越南等，偶然有土耳其和巴爾幹半島國家。亞洲工人的薪金低至幾美元一日，慢慢變成勞動人口集中的血汗工廠。我們消費時，不會聯想到血汗工廠的工人苦況，商家甚至認為工人手停口停才淒涼。走筆至此，不得不反省自己的消費模式，購物時可有考慮公平貿易呢？我可有購買太多衣服變成浪費呢？我可有拒絕購買血汗工廠生產的時裝，等待廠商保護環境善待工人才購買呢？

Chapter 4

歐債危機・窮風流

不知西班牙的餐館老闆沒有錢聘請足夠人手，抑或失業的人不願做侍應。儘管如此，我見當地侍應大多盡責勤快，笑容滿臉。

053

現實和夢想是對立的，夢想家都是非現實的

加泰隆尼亞是西班牙自治區，設有加泰隆尼亞國際獎，表揚在人文科學領域成就非凡的人，二〇一一年的得獎人是村上春樹，也是首名得獎的日本人。村上春樹在領獎演說中將加泰隆尼亞人跟日本人並列，好像加泰隆尼亞已獨立。

村上春樹的領獎講題是「非現實的夢想家」，現實和夢想是對立的，夢想家都是非現實的。他的夢想是反核，希望有更多夢想家跟他一起向核電說不。日本人是唯一嘗到原子彈惡果的民族，廣島核爆罹難者的石碑刻上「請安心入睡，因為過錯不會再次出現」。然而，三一一地震和海嘯令過錯重現。福島的六座原子爐中，至少有三座無法被修復，核污染影響四周環境，我至今未看到福島核污染已解決的報道。日本是島國，世世代代的日本人都活在地震、海嘯和火山爆發等天災的陰影裏，怎會容許興建核電廠呢？非現實的夢想家認為一切由「扭曲的政府管理體制」促成，政府不斷宣傳方便和效率，在經濟急速發展中，國民往往被「效率」掩蔽而迷失方向，在沉默下容忍全國有百分之三十電力來自核電。

054

早已接受美麗事物會瞬間消滅

日文「無常」（mujo）正表達日本人如何培養容忍和沉默的民族性格，「無常」跟中文解釋一樣，同樣源自印度佛教的觀念，世上沒有永遠持續的狀態，沒有恆常，只有無常。由古至今的日本人都深刻體現無常，因為他們活在地震帶的島嶼上，民族心理早已接受美麗事物會瞬間消滅，漸漸發展出獨特美學。日本人知道活火山隨時爆發，睡火山可能復活，大地震不時出現，海嘯隨時來襲，還有颱風和山崩等。既然日本人明白無常，為何讓核電廠在國家興建呢？

村上春樹認為電力公司有龐大的資金宣傳費，收買媒體，在國民腦中植入核能發電是安全的幻想，更取笑反對核電的人是「非現實性的夢想家」——這便成為村上的演說題目。全篇演說內容跟古人說的「天作孽，猶可違；自作孽，不可活」意思相近：天災尚可避過，人為災禍就難以逃避。地震海嘯令人命傷亡財產損失，那是無常，一切都會過去。然而，核電廠帶來的災禍卻影響深遠，那是不應在地球出現的，連習慣忍耐的日本人都忍無可忍。村上春樹在加泰隆尼亞表示，會將獎金捐給地震和核電廠事故的被害者等，人間有情。

055

歐盟做法跟促進世界和平背道而馳，竟然得到和平獎

做生意的朋友為歐盟在二〇一二年奪得諾貝爾和平獎而憤憤不平，聽來只覺文明社會並非我所認知的文明。歐盟成為強大共同體以後，動輒以法律欺凌別國。例如某國甲機構一直跟歐盟乙國的公司有生意來往，十多年來相安無事，但乙國陷入經濟危機以後，就不停有律師找到合約條文控告甲機構違約。要是甲機構的律師指出並無違約，乙國公司就說乙國的法例已經更改或增加某項，始終要甲機構因「違約」賠錢。

有機構遭歐盟告上法庭，那機構沒有犯錯，但敗訴要賠巨款。歐盟做法跟促進世界和平背道而馳，竟然得到和平獎，不知是諷刺，還是有關機構給歐盟獎金，好讓歐盟發窮惡四出控告人。以和平獎審批角度來說，兩次世界大戰都由歐洲開始，諸國聯盟對全球和平已是有貢獻。官方公佈的得獎原因，是「表彰該組織在超過六十年的時間裏對推進歐洲和平與和解，民主與人權上做出的貢獻」。不過，窮國和富國使用一種共同貨幣——歐元，也許埋下經濟危機。

056

見蘇格蘭的先例，加泰隆尼亞人更堅決脫離西班牙獨立

歐債危機持續已久，一時說希臘破產，一時到西班牙喊窮，然後是意大利和法國都為經濟憂慮，但歐元兑港幣卻高企不下。

歐盟和歐元對國家的分裂與合併，有着重大的影響力，以蘇格蘭獨立公投決定是否脫離英國為例，如果獨立了，便要建設貨幣和金融體制，這是非常困難的事。不過，只要歐盟接受獨立後的蘇格蘭加入為歐盟一分子，蘇格蘭便可以使用歐元，對其軍事和外交方面也有保障。蘇格蘭的獨立公投結果，是多數人選擇留在英國，對一直想獨立的加泰隆尼亞人來說，他們看見蘇格蘭的先例，更堅決希望脫離西班牙獨立。

順帶一提，二〇一三年的諾貝爾和平獎得主是禁售化學武器組織，二〇一四年得主是馬拉拉和凱拉什，表揚他們協助兒童和少年對抗壓迫，以及努力爭取所有兒童受教育的權利。

057

手工藝都是獨一無二，永遠不會被人取代的

西班牙失業率高，年輕人的失業率更高。基於興趣和生活，不少年輕人自製工藝品售賣，寓工作於藝術和娛樂。歐洲有源遠流長的手工藝傳統，即使在3D複製技術日趨普及的年代，手工藝都是獨一無二，永遠不會被人取代的。西班牙不同城市都有露天市集，攤主自製飾物和日用品擺檔售賣，我覺得價錢稍貴，但亦購買給予實際支持。

除了街邊手作仔外，西班牙還有不少手藝店舖，例如手製結他，每支都由店主一手製造。還有高檔的手製珠寶首飾，這是易學難精的手藝。我曾學製半寶石飾物和燒銀器，親手製作頸鏈和手鏈很易，但製成品美得令人戴上去後捨不得脫下來就很難。近年，有不少名牌設計師只保留度身訂造的高檔系列。時裝也有手作仔部分，甚至巴塞隆拿有自己織布的店舖。當然有度身訂造的衣服，設計師雖還未成名，但獨一無二的衣物說不定比名牌副線的貴。比較特別的是連燈都可手製，每盞燈都像一朵花。這樣的手工藝，沒興趣的絕對不會製作，根本賺不到多少錢。每盞燈都是一次美麗創作，店主在花花燈的繞環下，自然工作得特別起勁。我讚了幾個西班牙手作仔粉絲專頁，每個都只有百多個粉絲讚好，也許喜歡手工藝的朋友並不留戀虛擬空間。

058

童話的公主總是美麗善良，現實是另一回事

近年的西班牙王室不斷傳出醜聞，為挽回民望，前任國王卡洛斯在今年退位，菲利佩登基為國王以後，八歲的小公主蕾奧諾就成為歐洲最年幼的王儲。蕾奧諾公主是入世未深的小孩，相信她仍未了解人的貪婪慾望的可怕，未必知道在她五歲那年，即二〇一一年，她的姑媽克裏斯蒂娜公主涉嫌逃稅，她的姑丈烏丹加林涉嫌貪污六百萬歐元，成為王室最大醜聞。

克裏斯蒂娜公主和駙馬的醜聞令國民憤怒起來，王室的支持率跌至歷史低位。前任國王宣佈退位，除個人窮奢極侈的打獵醜聞外，還跟他教女無方有直接關係。雖然公主和駙馬的案件仍未審結，但她的公主形象已跌落谷底。新任國王以簡樸儀式登基，一洗王室奢侈之風。儘管平民王后有不光彩過去，仍學習母儀天下，期望贏回國民愛戴。不少西班牙人質疑王室的存在價值，王室更期望蕾奧諾公主能夠帶來新氣象。

童話的公主總是美麗善良，現實是另一回事，試問公主怎會貪污呢？兩代西班牙公主年齡相差四十載，四十年後的蕾奧諾公主或已成為西班牙女王。如果我是西班牙人，無論支持王室與否，依然希望蕾奧諾公主能活得像時下動畫的公主一樣，動靜皆宜、獨立自信。

059

我見當地侍應大多盡責勤快，笑容滿臉

西班牙失業率高達百分之二十五，但我光顧過多個城市的餐廳，都見侍應不足。那是個奇怪現象，不知是勞工法抑或稅制有問題呢？我們在小城旅館附近，總見一間餐廳客滿，有次下午經過問可有位，才知有上層的，全層滿座，但只有一男一女侍應，兩人都長相好看，態度良好，工作效率極高。由於對食物和服務滿意，我們留下約十多港元小費，侍應以誇張的語氣和表情說："Oh my God!"真是交足戲，旁人不知，還以為他收到十多歐元小費。

有次飯後要趕去看晚上十點半的佛朗明哥表演，急於結帳離開，卻見近二十張桌子的餐廳只餘一個看來是老闆的男人做侍應。我們要結帳，卻見男人忙得團團轉，走上前催促他，見他忙到一額汗，最終要等他先幫兩個客人結帳，才到我們。還有一次在小鎮宵夜，看來是兩夫婦經營兼做侍應，我們等候食物等到花兒也謝了。以為他們忘記落單，想查問時，他們老是迴避，幸好最終等到。不知西班牙的餐館老闆沒有錢聘請足夠人手，抑或失業的人不願做侍應。儘管如此，我見當地侍應大多盡責勤快，笑容滿臉。

060

明明是自己應有的，也像意外之財了

到歐盟國家旅遊，要到最後一站才可退稅。歐洲國家的稅率並不統一，可申請退稅的金額也不一樣，西班牙算是低金額，只要在可退稅的商店消費滿九十歐元就可退稅，其他國家大多要百多歐元才可退稅。由於我購物不多，付帳時由其他朋友代為退稅。有兩個朋友因航班延誤，由巴塞隆拿去到慕尼黑轉機時退稅窗口已關上，只好回港後再郵寄回去退稅。

有朋友說剛收回退稅，已轉帳入信用卡戶口。西班牙消費稅超過百分之十五，但商店要收手續費，只能退稅不足百分之十，以信用卡退稅更須再收小量手續費。然而，當兩個朋友估計稅款泡湯，姑且一試的將資料放入退稅用的信封寄回西班牙，有朋友甚至沒貼郵票，沒料到很快收回退稅。明明是自己應有的，也像意外之財了。友人在法蘭克福機場轉機時收回大部分稅款，但有兩間西班牙公司在德國沒有分店，不能退稅，那不是違反歐盟規定在最後一站退稅的原則嗎？很奇怪，但不必議論。香港政府曾經打算開徵消費稅，但香港沒自己出品的奢侈品品牌，開徵消費稅只會增加基層市民負擔，對本土經濟並無好處，消費得起的遊客大可到歐洲入貨。

061

給你一個新的，讓你放多點錢啊

由巴塞隆拿回香港要經法蘭克福轉機，上到機艙，想不到現在還有那麼殘舊的飛機。座位前沒有顯示屏看電影，音響欠佳，看書的燈壞了，全程沒娛樂。聽到外國乘客投訴說她經常乘機公幹，未坐過那麼差的飛機，機票又貴。我認同她的投訴，那程機全機爆滿，航空公司賺大錢吧。在法蘭克福轉機時，想在免稅品店用了餘下的硬幣，便買了一排六元九角歐元的朱古力。看見收銀員是位稍胖的大嬸，她問另一位收銀員拿原子筆，對方拋過來，她卻接不住，可見身手一般。兩個男人在我前面排隊買酒，好像不明白收銀員要他們出示護照和登機證，我以為是強國人，聽他們交談才知是韓國人。

我見收銀員很冷酷，到我時，連忙讓她看護照和登機證，給她十元九角歐元，等她找回四歐元，豈料她說不夠錢，我不知怎反應，等她繼續說，才指出我將一個歐元五仙硬幣當作一角歐元。我用保鮮袋放歐元零錢，大額鈔票放在銀包，再找不到五仙歐元，只好收回一大堆硬幣。冷酷收銀員突然笑起來，我以為再做了什麼傻事蠢事，想不到她給我一個新的保鮮袋，笑說：「給你一個新的，讓你放多點錢啊。」

062

只見附近公園的兒童玩得很開心，慘劇已然過去

香港往來西班牙的航班選擇甚多，友人近乎隨機決定乘哪間航空公司。由香港到馬德里的一程在慕尼黑轉機，由巴塞隆拿返回香港在法蘭克福轉機。有個假期較短的朋友選乘另一間航空公司，早兩小時到達馬德里，在不同城市轉機。

早年，曾到過慕尼黑閒逛，主要到一九七二年的奧運會場地一看。史提芬史匹堡曾將當年的血腥事件拍成電影《慕尼黑》，要是大家沒有看過電影，可上搜尋網鍵入關鍵詞了解有關慘劇。

當年在主場館逛了半天，只見附近公園的兒童玩得很開心，慘劇已然過去。然而，仇恨並未消失，世上暴力事件不斷重複，甚至變成沒有原因的殺戮。一再有濫殺無辜的兇徒「成名」，這樣的全球傳媒報道，會否令心理變態的後來者誤會「成魔之路」等同「成名大道」呢？去程在慕尼黑轉機，欣然看見航空公司在候機室設有自助咖啡吧，乘客可免費飲咖啡、茶和看報的。不過，我對航空公司的好感在回程時全部消失，以後儘量不選乘這公司的航班。無論個人、公司以至國家，要讓人留下好感很難，但惹人反感很易。正如羅馬非一日建成，卻可毀於一旦。

063

為免變成別人眼中的貪婪中國人，只好作罷

這次乘搭歐洲航班，機票連雜費要萬多港元。去程乘坐新型號客機，全程滿意。回程飛機卻是早應淘汰的舊機，空間狹小，座位前沒有熒幕娛樂。上機前廣播提醒乘客全機滿座，每人限一件手提行李。再有廣播叫等位的乘位登記，附近的熒幕顯示長長的stand by乘客名字，相信有位剩都即時有客補上。

坐在我附近的外籍女乘客在吃過飛機餐後投訴，空中服務員竟找不到投訴表格給她，便喚來較高級的空姐安撫她。乘客說經常公幹乘搭飛機，未搭過那麼差的飛機，機票又貴，竟然播卡通片，全機不見得有多少兒童乘客。過了一會，她再投訴頭頂的燈亮不起來，空姐說是休息時間，建議她睡覺。她說也想睡覺，但要工作。高級空姐再來，說原本想給她換個商務客位，但全機滿座，只好賠償五十歐元給她。

我跟鄰座友人說可惜我頭頂的燈沒壞，友人又一試，發覺是壞的。跟那高級空姐說，對方表示只有三個中間位可調換（我認為她說謊，她不曾跟那外籍乘客這樣說），只肯將我的燈移到中間讓兩人共用。她沒提出賠償五十歐元，我想問為何外籍乘客有而我沒有。然而，為免變成別人眼中的貪婪中國人，只好作罷。外國人誤會我貪心沒關係，「影衰」中國人就不好了，只好任由五十歐元泡湯。

064

各國陷入經濟困境並非無因，連小事都做不好，如何辦大事呢？

在西班牙的商店購物滿九十歐元可以申請退稅，店員即時列印一張退稅單，寫明扣起一定比例的手續費後，消費者可得回百分之九至百分之十稅款。由於我購物不多，由朋友代為退稅，三個朋友都有我的退稅項目，但沒有人可以完全退稅。辦登機手續前，遊客要拿退稅單給海關蓋章。先按出號碼紙，然後等熒幕顯示你的號碼才可內進，有時要等數十個號碼。入閘後，詢問處職員表示要到轉機的國家才能退稅，三個朋友在不同日子離境都聽到相同內容。有兩個朋友的航機延誤兩小時，到達轉機國家時退稅部門已關門，擾攘一會，還差點趕不上飛機回香港。

有個朋友到德國法蘭克福退稅，只能拿回部分稅款。對方說有兩間公司只能在西班牙退稅，包括巴塞專門店。還有一些單未能退稅，無法解釋原因，早知在西班牙先進行退稅。據說可將海關已蓋章的退稅單寄回西班牙辦退稅，但以歐洲人的工作效率來看，我期望不大。歐盟國家的退稅方式有問題，可見各國陷入經濟困境並非無因，連小事都做不好，如何辦大事呢？

Hora
Destino
renfe

Chapter 5

交通美學

西班牙經濟惡劣，市中心常見等客的士。在不同城市多次帶同行李乘的士，只見司機友善盡責，不曾遇過濫收車資的。

065

遇過的司機都不錯，可見窮跟貪婪是兩回事

這次遊西班牙跟以前有點不同，一是人多，可吃光一桌子酒菜，試足各款口味之餘，更不會浪費食物；二是多乘搭計程車，因車資合理。有個朋友說發夢中了金多寶，可資助大家全程搭的士。我說中了金多寶起碼請大家遊西班牙，那個夢未免太「慳家」吧。友人說當時未想到，只想全程搭的士。遊客乘計程車有一半機會遇上好司機，如果人多分兩部計程車，有時車資會相差三分一。

西班牙近來的經濟問題常見於國際和財經版，馬德里和巴塞隆拿更被遊客選入十大盜竊案最多的城市，有個還佔榜首位置，我以為會見滿街小偷。現實是西班牙失業率極高，國家瀕臨破產邊緣。不過，走在各大小城市街頭，只見市民親切友善，不覺異樣。我們先遊馬德里，然後遊覽多個城市，尾站是巴塞隆拿，乘搭多次計程車，遇過的司機都不錯，可見窮跟貪婪是兩回事。有程車只用十來分鐘，一部車的司機連行李費收九歐元，我乘坐的收六歐元，不知司機阿伯是否忘記收行李費，我們給他八歐元，他顯得很高興。我們住巴塞隆拿市中心，近聖保羅醫院，乘計程車出機場不用三十歐元，連行李費三十餘元，雖然大家在不同日子出機場，但收費相若，大家都沒碰上濫收車資的計程車司機。

066

他全程保持笑容，讓我再次引證喜歡音樂的人不太壞

西班牙經濟惡劣，市中心常見等客的士。在不同城市多次帶同行李乘的士，只見司機友善盡責，不曾遇過濫收車資的。由巴塞隆拿市中心乘計程車到機場需時數十分鐘，上的士後，見司機年紀不大，起初沒有聽歌，開車後才播英文歌，想不到是英國男子組合Pet Shop Boys的舊歌。我不是這組合的歌迷，起初以為司機見到外地遊客才播英文歌，直至聽到*It's a Sin*，才留意他全程播Pet Shop Boys的歌，想他才是歌迷。

倫敦奧運閉幕禮有不少英國歌手出現，特意起牀一看，Pet Shop Boys很快出場，早已不是boys的兩個男人繞場演唱*West End Girls*，但未看完運動員進場，我就返房睡覺了。翌日在新聞片段見發福不少的George Michael和Spice Girls，已故的John Lennon和Freddie Mercury也在科技下重現，看見這些片段，便知道我選擇得對。英國流行音樂曾主導多國樂壇，但我想不出跟奧運有何關係。說回聽英文歌的西班牙的士司機，我沒有跟他傾談，但見他全程保持笑容，讓我再次引證喜歡音樂的人不太壞，就當我有偏見吧。

067

早起的鳥兒有蟲食，統稱「early bird優惠」

到西班牙旅遊前兩個多月訂機票，有個朋友負責格價和聯絡，最終選擇兩間不同的航空公司。由於連接公眾假期，外遊者眾，機票貴了。逗留十日的機票最貴，可見趕回來上班的人最多。玩足十二日的朋友跟我乘同一航班前往，但比我早離開，因要回港上班，較我多付近二千港元。我的機票停留日子最長，也最便宜。即使明知歐元不斷下跌，依然要兩個月前訂火車票。有朋友在預定日期校鬧鐘早起上網訂火車票，比正價便宜近半，真是早起的鳥兒有蟲食，統稱「early bird優惠」，早訂的便宜得多。

大城市的酒店又要一早訂好，全部用信用卡付錢，早以高匯價找數了。還有王宮的入場券要一個月前訂購，據說在旺季不訂票就不能入場了。幾年前往來倫敦和巴黎，妹妹負責訂「歐洲之星」車票，那次一行十人，預早一個月訂票，訂十張票近乎半價，但有幾個人未能確定日子，到大家訂好日子，遲了幾日再上網訂票，已經貴了不少。如果你打算到歐洲旅行，不妨及早編好行程，在開始訂購火車票的一天（處處不同，有些在兩個月前）上網預訂，可得折扣優惠。

068

旅人習慣一眼關七、隨機應變，會變得更醒目

歐洲火車之中，我認為西班牙的不夠準時，安排也有點混亂。有天乘下午三時二十分班次的火車，在大堂只見時間和火車編號，不見停車月台顯示。向詢問處職員查詢，對方答遲點會顯示的。那個大型火車站有十多個月台，大家要拿行李，擔心跑得不夠快，我當時恨不得快點走在月台等車。只見十多個乘客同時凝望熒幕，可見大家等同一班車，最終在三時十三分才顯示列車將停在十一號月台，全部人即時飛撲去扶手電梯走落月台。

有個朋友說火車可能遲開的，我說快跑吧，火車應該準時，幸好大家跑得夠快。上火車後，還在喘氣時，已見火車準時在三時二十分開出。我跟幾個朋友說青少年持火車證到歐洲旅遊，要自己安排行程和時間，還要懂得上對列車，識得到站落車已不易。加上某些歐洲國家的火車站混亂，列車班次多變，不知不覺間旅人習慣一眼關七、隨機應變，會變得更醒目。「你想讚自己去歐洲之後變得更醒目吧。」友人揶揄我說。「我當然不是讚自己，我未去歐洲之前已很醒目啊。」我誠實回答，換來大家訕笑。青少年獨自持火車證遊遍歐洲的話，視力、體力和智力缺一不可。歐遊一段日子後，自會變得信心十足……嗯，我不是拐個彎讚自己啊。

069

月台沒顯示車廂號碼，在總站上車可慢慢找尋車廂

港鐵站的玻璃幕門寫有號碼，通常是一號到八號，代表一號到八號的車廂停車位置。日本鐵路繁忙，東京上野站和新宿站等大站，月台地上會有幾種顏色的線和號碼並列。如白色代表新幹線列車，若你手持三號車廂車票，便可走到地上有三號白線的地方等車。西班牙的月台沒顯示車廂號碼，如在總站上車，可慢慢找尋自己的車廂。若不拿行李的話，上車後穿過不同車廂找座位也不難，最麻煩是拿着大型行李在中途站等車，要在列車駛過時留意車廂門外的號碼，才能決定向左跑還是向右跑。

先前乘夜車到巴塞隆拿，同行朋友乘八號和九號車廂，我乘十六號車廂。到了接近開車的時間，只見月台擠滿人，列車在開出前幾分鐘才駛進月台。我看見十三和十四號車廂駛過，然後是長長的餐卡。以為餐卡後便是十五和十六號車廂，豈料走了反方向。原本打算若走到半路不對勁，便即跳上其中一卡，之後才前往所屬的車廂，幸好最終趕及上車。西班牙火車臥鋪有上下層牀的雙人房，和只有下層牀的單人房。房內設備一樣，有水龍頭和瓷盆讓人刷牙洗臉，洗手間在房外車廂。兩個月前網上預訂是單人房約一百歐元，雙人房每人六十五歐元，坐位每人四十七歐元，比即場買便宜。若買來回車程，約有九折優惠。

070

他們的結他盒都有錢，可見有欣賞他們的途人樂意付錢

只要懂得搭地鐵，在世上任何城市生活都很易，至於如何掙取生活費則是另一回事。來到陌生城市的地鐵站，不妨先看售票機有否優惠票，不用花多少時間已能省錢。馬德里和巴塞隆拿的地鐵網並不複雜，收費簡單，在第一區劃一價錢。馬德里的車資較貴，每程一元五角歐元，十二歐元可買十程票，便宜三歐元。我問詢問處職員能否多人使用，她表示只會西班牙語，我只好自行觀察了解，答案是可以的。

有次車票壞了，職員點算我們曾用過四次，換了一張可用六次的給我，便證明可多人合用一張車票。巴塞隆拿的地鐵車費更便宜，十程票是九元三角歐元，還有三十程的，長時間逗留的話可買月票和季票。大城市地鐵網四通八達，任何旅遊景點都可到達，偶爾在轉車通道見人彈結他賣藝，還出售自己的CD，我經過見他們的結他盒都有錢，可見有欣賞他們的途人樂意付錢。到過不少城市，以生活水平和當地物價計算，暫時未見有城市的地鐵車費比香港的更貴。西班牙的麥記漢堡包比香港的貴，地鐵車資比香港的便宜。若有讀者見過世上有比港鐵更貴的地鐵，願聞其詳。如果要短時間遊遍多個城市的話，最好入住火車站或地鐵站附近的酒店。巴塞隆拿的火車站跟地鐵站連接，乘地鐵轉火車出機場也方便。

071

她即以西班牙語加身體語言教路，隨手將手袋放在椅上，可見她信任陌生人

相信世界各地遊客到西班牙前，都聽過提防小手的勸告。有晚跟三個朋友在馬德里乘地鐵，我見位就坐，沒留意四周的人，只見朋友們走到車廂中央。離開地鐵以後，友人說有兩個可疑人物想向其中一個朋友落手。話說那個朋友拿出新款「唉瘋」在車廂拍照，兩個男人在差不多到站時一左一右的走近她，幸好另一友人機警，連忙一行三人擠回車廂中央，將兩個形迹可疑的男人擠走。

傳聞地鐵搶劫入門方法是趁地鐵開門時搶劫，得手後跑到四通八達的地鐵站內，可轉車也可出閘，被劫的遊客難以追回失物。有天在馬德里郊區問路，看見有女人坐在巴士站的椅子等車打瞌睡，我走近驚醒她，她即時抱住手袋，待看清楚我慈眼善目，觀察我不是賊眉賊眼後，態度即時轉變，便細心聽我問路，然後說：「你想聽法文抑或西班牙文？」「我只識英文。」我低聲說。她即以西班牙語加身體語言教路，隨手將手袋放在椅上，可見她信任陌生人。喜愛文學和旅遊的朋友不妨學西班牙文，許多南美、北美和歐洲人以西班牙文為母語，不少拉丁美洲文學名著先以西班牙文寫成。除了那次地鐵虛驚外，我並不覺得西班牙特別多小偷。不過，到任何地方旅遊都應提高醒覺。

Chapter 6

歐洲足球王國

西班牙球員重視團體和合作，踢得有風度。贏波回國後，在馬德里有百萬人慶祝會，電視二十四小時新聞不斷重播相關片段，為經濟低迷的國家帶來喜悅和朝氣。

072

看見有十多個小學生踢球，分幾班人玩，沒有球場，一樣玩得開心

由於父親是球迷，耳濡目染下，即使我平日不看球賽，要看的話也看得明白。我知何謂大腳笠入、搓波、長傳、近射、角球和界外球等，還知道三三四和四四二陣式的分別，也看到西班牙球隊用六四零陣式，沒前鋒，但全部球員都可以是前鋒。在西班牙期間常看見巴塞球衣，少見國家隊球衣。街上穿球衣的人約有一半選十號美斯。較為特別的是，由於龍門是著名鋼閘，他的黑色球衣和練習穿的黃色球衣都有價有市。西班牙對葡萄牙一役，在直播熒幕常見C朗近鏡，不覺他特別靚仔，腳法也不特別出色，難怪無法成為「美貌與智慧並重」的五大球星之一。他是皇馬球星，為國家隊出賽時讓我想起「無間道」，也許我想多了。

有晚在小鎮食肆晚飯見電視播日本動畫《足球小將》，故事仍在小學階段。想起在馬德里的美術館空地看見有十多個小學生踢球，分幾班人玩，沒球場一樣玩得開心。西班牙球員重視團體合作，踢得有風度。贏波回國後在馬德里有百萬人慶祝會，電視二十四小時新聞不斷重播相關片段，為經濟低迷的國家帶來喜悅和朝氣。我在巴塞隆拿逛過三間巴塞專門店（FCBotiga Official Store），一間商場店，一間地舖，一間在機場內。街上常見人穿巴塞球衣，尤其是紅色中間漸變的。逛過三間專門店只買了一個背包，原價三十六歐元，特價二十五歐元，印有巴塞的FCB徽章，球衣全部正價，西班牙文的巴塞網站為http://www.fcbarcelona.cat。

073

踢十二碼決勝負之時，發現酒保也是球迷，她穿上皇馬球衣出來看直播

走在西班牙小城的大街小巷，看見有些食肆門外放有小黑板，以西班牙文寫「西班牙：葡萄牙 20:45」。我們選了一間酒館吃晚飯，坐在大電視附近，前面桌子坐了一家四口金髮遊客，兩個男孩穿上巴塞球衣，一個穿十號美斯，一個穿三號。球王美斯是首位四奪世界足球先生的足球員，而且是首個連續四屆（2009-2012）贏到這獎的球員。

只見兩個侍應工作，比賽開始後隨即知道青年侍應不是球迷，阿叔侍應卻是，拿着捧給客人的食物停在電視前不捨得走開。相信餐館職員感情很好，我見非球迷侍應做了九成半工作，不曾停手，讓球迷同事可多看球場。原定時間賽和，金髮爸爸結帳，他的兒子不願走，他低聲跟兒子說話一會，吻他們幾下，然後一家四口離開，想是讓男孩早點睡覺。踢十二碼決勝負之時，發現酒保也是球迷，她穿上皇馬球衣出來看直播，可見女裝球衣有市場。酒保從水吧走出來，忙過不停的侍應也在電視前停一停，跟阿叔一起為球隊打氣。結果西班牙勝出，大家開心鼓掌。也許酒館的球迷不多，阿叔見我們由頭到尾捧西班牙隊，便開了枝Baileys香甜酒請我們飲，他為每人斟一小杯，沒加冰，欣然為西班牙球隊勝出祝酒，一飲而盡。

074

奪得歐洲足球錦標賽冠軍，一洗經濟不景的陰霾

歐洲盃決賽當晚，我們在行程尾站巴塞隆拿入住住宅式旅館。西班牙不少城市都有這類apartment，一家大小或幾個朋友同遊適宜租住。通常有三房兩廳或兩房一廳，有廚房和浴室，可煮食和洗衣服，大可長住。話說星期日大雨，有些朋友要回港上班，已乘車出機場了。餘下我和一個朋友不用趕回香港，正好逛街購物，沒料到大雨陰寒，外出一天已覺疲累，我寧願留在客廳看直播，不願外出。

友人要感受當地球迷觀賽氣氛，獨自到附近食肆去。我窩在沙發看到西班牙球隊連入兩球之時，覺得大局已定，不用為比賽緊張了。完場不久，我見友人一臉懊惱回來，有點詫異，聽罷友人觀賽過程，忍不住笑起來。當晚決賽是西班牙對意大利，友人說走入食肆，看見一桌有十多人一起看波，然後有兩三桌散客。坐定才見最多人的桌子一角有面小小的意大利國旗，再看餐牌才知去了意大利餐廳。在意大利餐廳看決賽捧西班牙球隊真是超錯，由於我沒全程直擊，也不轉述了。總之，友人認為浪費了二十歐元在那間餐廳吃了碟從未食過那麼難食的意大利粉——也許是為西班牙球迷特別烹調的。西班牙奪得歐洲足球錦標賽冠軍，翌日見多份報紙頭版報道，馬德里有大型活動歡迎球員返國，在電視見人山人海，一洗經濟不景的陰霾。

075

除了令人眩目的球技外，他還積極行善

地球村是這樣的。西班牙巴塞隆拿足球隊中，有來自世界各地的球星。球王美斯來自阿根廷，尼馬在巴西小鎮出世，他們踢西甲賽事的時候是親密隊友，但當踢世界盃時遇上阿根廷對巴西，兩人就要敵我分明了。

綠茵場是少年地，球場代代有球星出，一九九二年出世的尼馬已經是舉世矚目的球星。除了令人眩目的球技外，他還積極行善。

全球水源不足，尼馬參與募捐活動，義賣他的精品。不過，對於在互聯網看見的慈善推廣活動，相信大家都會看清楚詳情才捐款的。無論是給巴西窮人清潔食水，還是給世界各地有需要的人清潔水源，我認為都是有意義的事，希望這樣的清潔食水工程能夠持續發展。

076

忽略了他們默默行善的一面，只因他們的妻子和女友實在性感美麗

二〇一四年世界盃比賽時，尼馬被人踢傷腰骨，無法繼續參賽。在德國大敗巴西一役中沒有出賽，讓人懸念假如他可以出賽，賽果可會不同呢？尼馬傷癒復出後，跟隊友美斯十月一起到北京鳥巢體育館比賽，不過並非代表巴塞隆拿，而是穿上不同國家球衣，各自代表巴西和阿根廷。北京球迷對兩人非常熱情，當他們乘搭同一班機抵達北京時，接機的女球迷都不時高喊「我愛你！」

成為新一代耀目球星的尼馬沒忘記回饋社會，捐錢回家鄉興建體育中心，讓二千五百名巴西兒童有理想的場地練習，培養新一代足球員，說不定會再出幾個球星。重看尼馬的資料，見他除了足球生涯外，愛情生活也被廣泛報道，反而參與善事的報道不多。其實，部分球星樂意行善，但忽略了他們默默行善的一面，只因他們的妻子和女友實在性感美麗、比較吸引。

077

被「咬」了一口的金靴

蘇亞雷斯是巴拉圭人，能成為身價極高的球星自有過人之處。我原沒留意他，直至他在世界盃的「驚世一咬」，才認識這名頑童。咬人後，他會坐在一旁按按口腔和牙齒，想來他的牙也有點痛。他的神態，就像仍讀小學的男生似的。咬人，總比踢傷對手好。不過，那是他第三次在球場咬人了，一再被罰停賽。為免一咬再咬，現在仍要接受心理輔導。蘇亞雷斯得到上賽季歐洲金靴獎，領獎時一臉斯文靚仔。

有人將他手上的金靴改圖，改成為了被咬了一口似的，這跟他的形象似乎更為相襯。以他的成績而論，竟然無法入選下次金球獎的二十三名候選名單中，便可見入選與否，跟入球次數和表現並無關係。儘管如此，蘇亞雷斯依然賣力踢波，顯出大將之風。

078

所以，我們做好本分已經足夠

現在的球星面對四方八面的鏡頭，言行必須端正，蘇亞雷斯承認咬人，但一直否認曾對西非球員埃弗拉有種族歧視行為。蘇亞雷斯在球場喊埃弗拉“negro”（黑鬼），被罰停賽八場。他指巴拉圭人說“negro”的意思就是黑人，並無貶意，更不是種族歧視的言行。

很少歐美國家的人使用“negro”作稱呼，正如廣東人最好不說「黑人」和「黑鬼」，即使只有黑人之意，也不必稱黑人為「黑人」，不如稱為“friend”。好像廣東話，稱呼陌生人為「老兄」或「大哥」，可避免「病從口入，禍從口出」。蘇亞雷斯現為巴塞隆拿球員，能為球壇打開新的一頁，希望他日後能專注踢波，球星動腳不動口啊。

每次看見蘇亞雷斯、尼馬和美斯一起的照片，總覺美斯更有球星風範。我覺得一個人無論做得多好都有人指摘的，好像蘇亞雷斯落場時交波給美斯，明明交給美斯射門是最好的判斷，依然有人指蘇亞雷斯擦美斯鞋，有時難怪球星會煩躁。所以，我們做好本分已經足夠。

079

看足球，其實好像閱讀一本書

現場看球賽，實在很難看見球員的樣貌，但卻可以看見他們靈活地走位，以及流麗的腳法。足球有足球的美，西西更認為「看足球，其實好像閱讀一本書。這本書可以是散文，可以是小說，可以是戲劇。」

西西的父親，是一位足球賽裁判員，這便讓她從小愛看球賽，她在短篇小說《感冒》中，寫主角決定出走，如西方經典小說的女主角娜拉一樣離開丈夫，但娜拉出走後是走投無路。不過，隨着時代轉變，女性地位不同了，西西的主角不用再為前路焦慮，小說收筆寫道：「啊啊，讓我就這樣子，挽着我的一個胖胖的旅行袋，先去看一場足球再說。」

她喜歡的球員有薛高、柏天尼、蘇古迪斯、雲巴士頓、古列治、列卡特、伯金……全部都退休已久。她喜歡有風采的球星，因亨利而喜歡阿仙奴，會看歐冠盃巴塞對阿仙奴。

080

我們不會根據一個十二碼球來判斷你，你仍然是最好的

作家往往將喜愛的事物寫進小說，西西在小說《這是畢羅索》中寫到，一九八六年於墨西哥舉行的世界盃對法國隊時，薛高射失十二碼球，最終落敗。小說結尾，是巴西國家隊垂頭喪氣回國，球迷仍在機場外拉橫額歡迎球員，包括：「薛高，我們不會根據一個十二碼球來判斷你，你仍然是最好的。」

一九八六年的世界盃球星早已退役，同樣在一九八七年出世的美斯和蘇亞雷斯，當時還未來到這個世界，尼馬更遲幾年才在一九九二年出世，但巴西和西班牙的足球圈，早已換過好多代名宿。

不過，足球的美感和動感依然不變，仍舊吸引球迷看歐冠和世界盃。自從全球賭波投注近乎天文數字之後，足球再非單純的體育活動。有足球員因踢失十二碼而遭槍殺，也有各種傳聞和交易。回到文學，現在的女子遠比十九世紀西方文學家筆下的女人容易，人生選擇也比西西的主角多。然而出走容易，但在香港想先看一場足球已不容易。

PART II

14天洗滌
心靈塵埃日誌

第1天　香港——慕尼黑——馬德里

以興趣為依歸，慢慢細看感興趣的地方

不少歐洲航班是午夜飛行，十多小時機程加上時差，可於清晨到達，公幹人士還可在異地開早會。對假期珍貴的旅人來說，早上到達目的地可節省假期，用盡每分每秒享受旅遊樂趣。

兩星期西班牙行程有點匆忙，行程極度濃縮，若時間充裕可慢玩一個月，許多城市值得住一兩晚，而非像我們那樣一早到達，閒逛半天，黃昏就要乘車離開。不過，對假期少的朋友來說，半個月旅程也許太長，大可刪減，以興趣為依歸，慢慢細看感興趣的地方。晚上在香港上機後，往慕尼黑轉機。由於西班牙是歐盟國家，我們在這兒通過入境檢查。候機室有免費自助水吧，可飲咖啡或茶。機場有不少免稅品店，由於轉機時間充裕，同行朋友在這兒買德國牌子手袋，價格相宜。

第2天　馬德里

遇上寧死不屈的男人雕像

清晨到達馬德里已不用辦入境手續，拿行李就直接乘巴士往達阿托查火車站（Madrid Estacion Atocha）。那是馬德里三個火車站之一，位於南部，連接地鐵站四通八達，最多旅人選住，徒步十分鐘就到訂好的酒店，沿途有不少漂亮建築。到達酒店雖已疲倦，但在陽光普照下總不浪費時間，梳洗後在附近閒逛。馬德里文化歷史不及周邊城市，一五六一年由菲利浦二世（Felip II, 1527-1598）定為首都，規劃完善，方便到附近城市旅遊。西班牙經濟低迷，以整個旅程來說，馬德里人樣子最憂愁，這是我的主觀感覺，也許首都不易居住，物價不低、收入不高。

馬德里適宜徒步旅遊，酒店對面是皇家植物園，附近有普拉多美術館，另一邊是國立蘇菲亞王妃藝術中心（Museo Nacional Centro de Arte Reina Sofía），徒步兩個地鐵站就到太陽門廣場。我們只走了一個站，看看四周的教堂和店舖，有不少美麗獨特的瓷磚彩繪圖案路牌。橫街有座特別教堂，一般尖頂是十字架，這間卻是個男人雕像，但不是耶穌。抬頭看不清，只猜想是聖人，多走兩步看見街名Calle De San Sebastian才知猜對。雕像是Saint Sebastian，是寧死不屈的殉道者，被綁在樹上任由亂箭射死，歐洲有不少關於他的文藝創作。中學時看三島由紀夫的書，說看見聖人中箭圖片感到興奮。在美術館看過有關油畫、買過相關郵票，但從沒作者的感受。

教堂附近還有天使街（Plaza del Angel）。在天使和聖人眼中，人可能已夠蠢和無知，有些人還要裝低能、扮可愛攻擊同類、踐踏他人。瞎忙一生到底為什麼？凡人總要吃喝，第一日我只隨意吃薄餅、飲汽水，黃昏到國立蘇菲亞王妃藝術中心。下午六時後免費入場，正好在關門前逛兩小時。單在《格爾尼卡》的展館已用去半小時，別說逐件藝術品欣賞，逛一遍也不夠。喜歡藝術的可留一整天，時間緊迫便看地圖，先到最想細看的展館。離開時早已過了放學時間，見兩羣小學生在中心前的空地踢球，家長坐在樹下乘涼構成閒適畫面。學生看來很開心，有個臉上繪上國旗，也許是未來足球先生。

阿托查火車站——繁囂中的安逸

由著名西班牙建築師莫內歐（Rafael Moneo, 1937-）於一九八四年擴建，入口設計平平無奇，內裏卻複雜而巧妙地將火車、汽車、行人、高鐵等安排在一起。運用大量玻璃和輕巧金屬棚營造巨大的溫室，種植茂密的熱帶植物，為繁囂車站帶來大自然的寧靜安逸。我到過不少城市的火車站，還是首次踏足如此繁忙而生氣盎然的。

國立蘇菲亞王妃藝術中心——兼容並蓄

中央建築物原是十八世紀醫院，方正實用。一九八〇年起以現代設計裝修和擴張，八八年加上三座玻璃電梯成為國家博物館，收藏雕塑、繪畫及舉辦視藝和教學活動。〇一年聘法國著名設計師Jean Nouvel增建大樓，收藏二十世紀西班牙藝術品，除畢加索、達利和米羅，還有先鋒畫家Antoni Tàpies、立體主義代表Juan Gris、超現實、唯美主義等畫派的近代藝術品，亦收藏外國名家作品，如立體主義畫家Georges Braque和Robert Delaunay、超現實主義畫家Yves Tanguy和Man Ray、空間主義畫家Lucio Fontana等作品。

第3天　馬德里

太陽門廣場熊出沒注意

早上吃過早餐後，徒步往馬德里王宮（Palacio Real de Madrid）方向走。距離王宮最近的地鐵站是歌劇院站，跟我們住的酒店相隔三個站，便步行前往沿途看看民生。王宮位於市中心西部，於一七三八年由菲利浦五世（Felip V, 1683-1746）下令建造。以前王室住在這兒，至一九三一年國王流亡法國為止。現在國王一家住在郊外較小的薩爾蘇埃拉宮（Palacio de la Zarzuela）。馬德里王宮仍用於國事活動，沒正式活動時向公眾開放。以前的御花園已變成藝人玩吹氣泡泡的偌大公園，遊人看來很高興。離開王宮走到附近的歌劇院地鐵站，沿途不少店舖關門，戲院倒閉，市況蕭條，跟繁華王宮對比強烈。

由歌劇院站可乘地鐵或徒步到太陽門廣場，是馬德里最熱鬧的地方，有可愛的熊銅像，那是小熊想爬上野楊梅樹（madroño）的樣子，人人都拍照留念。廣場有不少街頭藝人，有人扮成差利卓別靈要求合照，聲稱免費。我沒興趣跟他合照，因沒理由付錢，但免費的話好像佔他便宜。他要化妝穿戴站一整天，工作也不易，只好微笑拒絕。

Stradivarius小提琴，爛一把少一把

閒逛王宮時，想起寫小説能給角色世上最好的一切，可豪爽地給筆下小提琴家一把Stradivarius小提琴。那是世上最昂貴的古董小提琴，近年拍賣價近九百萬英鎊，相傳每把都有傳奇故事，從沒想過可親睹。王宮展出三把，珍重的放在玻璃箱內任人細看。導遊書寫這兒有五把，間中借出讓樂手在音樂會使用。對於樂器，我不能單從外表看出貴在哪兒。中國人形容工匠手藝巧奪天工，相傳Stradivarius先生的兒子也不知製琴竅門。傳聞有琴匠拆開Stradivarius的小提琴研究及仿製，卻不能做出同樣優質琴音。手藝沒代代相傳，現存的都是他親手製，爛一把少一把。

王室大花筒，民望插水

王宮美輪美奐，王室卻不斷傳醜聞。西班牙年輕人失業者眾，不少要求廢除王室，加泰隆尼亞人更要求獨立。前國王卡洛斯奢侈打獵令國民憤怒，二〇一三年四月，八千多名西班牙人走上馬德里街頭遊行呼喊廢除王室，讓西班牙走向共和，趕走特權階層。不少國民認為王室成員只顧花公帑享樂，不顧國民死活。卡洛斯翌年退位，現任菲利佩的登基儀式從簡，仍未扭轉國民對王室貪污和揮霍的印象。

馬德里——媽媽，快跑

馬德里（Madrid）名字的由來有不同傳説：一羣小孩在野外玩耍，其中一個男童的媽媽去找他，他看見有熊走近大喊“Madre, id, Madre, id”（媽媽，快跑，媽媽，快跑）；另一説法是男孩為躲避熊而爬上樹，看見媽媽從遠處走近，連忙大喊同樣説話。但當地人會告訴你那是虛構，因“Madre”解「母親」，小孩不會這樣喊媽媽，“id”也沒有跑的意思，文法不通。儘管真假，馬德里原有許多熊和野楊梅樹倒是真。常見有熊的雕刻和紀念品，熊模樣可愛，看見不用轉身跑。

第4天　馬德里

對待自己雙腳要好一點啊

初到馬德里，除逛博物館和王宮外，也逛跳蚤市場和到outlet購物。星期日早上跳蚤市場有不少自家製精品，若行程匆忙便可不逛。逛了半天，只在賣絲質上衣的檔位逗留，店主叫價三件三十五歐元、一件三十歐元，買四件衣服原以為肯定有折扣，豈料沒有，便放下離去，她也不理我們。回程經過同一檔口，見不少人沒議價即買，只好掏出三十歐元購買早已選好的，檔主給我燦爛笑容，那是意大利製時裝，其他朋友卻放棄。

馬德里西北方有佔地二十公里的購物中心Las Rozas Village，跟美國和日本的大型outlet一樣名店林立，許多人駕車前往，乘地鐵轉巴士也可。我們計劃在總站下車，看見巴士駛過outlet才知忘記下車。有男乘客說可跟他一起下車，走小路前往。當日非常炎熱，我們並非不信任他，而是不想在酷熱天氣下走路。他誤會我們不信他，淡然說大可乘回頭車去，我們最終跟他下車，依其指示徒步十五分鐘便到達。

購物中心約有百間名牌折扣店，包括西班牙著名便鞋店，店內擠滿人，全部鞋分尺碼擺放，大家只用看自己尺碼的，試了好半天人人有收穫。不過，有朋友的鞋只有試穿的一隻，職員無法找到另一隻，只好望鞋輕嘆。我選了一雙涼鞋和一雙似芭蕾舞鞋的平底鞋，後者原價九十歐元，現售三十歐元，真的舒服，回港後常穿。另一朋友選了白色皮鞋，但職員拿出另一隻已變黃的，同樣要放棄，友人都說我有點買鞋運氣。

Outlet的食物售價超貴，沙冰要三元五角歐元，差不多五十港元，汽水約售三十港元，只有衣服鞋襪和手袋是超值。西班牙的商店在七月一日開始減價，在巴塞隆拿逛鞋店時再買一雙原價百多歐元的平底鞋。只減十歐元，想了一會才買，對待自己雙腳要好一點啊。在專門店常見長者買鞋，舒適防滑的設計適合「潮老」穿着。我們在酒店附近吃過早餐後，預兩小時到達近郊購物中心，離開時已見黃昏日落，人人拿大包小包返回酒店，然後到附近晚膳。

第5天　馬德里——托雷多——馬德里

昔日「炸雞堡」，富貴榮華也不外如是

上午在酒店附近餐廳吃早餐，然後徒步到火車站。原本可乘地鐵到Atocha站再轉車到Plaza Eliptica站。不過看過開車時間，覺得巴士更方便，便乘巴士到Plaza Eliptica站，再往托雷多（Toledo）閒逛。走在古城細看不同年代的建築，尤其是西班牙經歷過基督徒、回教徒和猶太教徒統治，不同年代建築各具特色。中世紀建築往往包括哥德、摩爾、巴洛克和新古典式，看得多自然能分辨。所到過的西班牙城市，大多有阿卡乍堡（Alcazar），源自阿拉伯語“Alcazaba”，意即「城堡」或「要塞」。托雷多是我首次看見的阿卡乍堡，不少皇室貴冑曾住那兒。友人戲稱為「炸雞堡」並無不敬，只是萬物均可聯想為食物而已。

如果可在每個城市住一個月，自可仔細欣賞其歷史和現代建築，可惜行程緊密，我又很易有美感疲勞。比方說，首次去歐洲看見教堂就心下嘩然，但連看三個月，住在倫敦聖保羅教堂附近的青年旅舍，日日經過戴安娜行婚禮和戴卓爾夫人行葬禮的教堂，便頓覺不外如是。遊西班牙理應逐一細看阿卡乍堡，唯想看的太多便要有取捨，便共識不會一同內進參觀，以免趕不及尾班車。參觀博物館或購物時則偶然各自去看，誰也不必遷就誰。

托雷多的阿卡乍堡路邊商店都有古時的盔甲仿製品出售，跟真人大小一樣，遊客經過都要拍照。若時間充裕不妨內進阿卡乍堡參觀，內裏展出不少真正的古代盔甲。我覺得建築物各有美態，見證時代轉變，人類歷史的繁華盛衰往往在建築物展示出來，富貴榮華也不外如是。比方說，城堡的主人很快成為過去，城堡功用也早已改變。同一幢建築，現已變成遊人參觀的歷史名勝。

驚見羅馬千古工程

可由阿托查（Atocha）乘火車到Chamartin火車站，再轉火車到塞哥維亞（Segovia）火車站。不過我們選乘巴士，到馬德里北面的塞哥維亞去。這裏有宏偉、實用的水道橋，在附近走來走去、走上走落，覺得好開心，好像跟二千多年前的人有某種連繫。古羅馬版圖曾橫跨南歐和北非多國，羅馬人統治過的地方大多保留古蹟，相對現今的豆腐渣工程，更顯古羅馬人的偉大。一般風化侵蝕影響不大，就算地震損毀部分建築，仍有些能震後餘生。附近有個動物銅像，遠遠望去覺得像熊四腳前行，又像狗，但從未見過狗雕像。朋友說是狼，我說：「荒謬，怎有人為狼立像呢？」友人肯定是狼，走近一看便見雕像下有兩個小孩，就知是羅馬傳說的母狼，西班牙有狼銅像也不是荒誕的事。

行程中，水道橋附近有很多旅遊車駛至，不少是歐美遊客，跟團的以銀髮族居多，看見宏偉的水道橋時臉上都流露讚歎神情。舊城有大教堂和中世紀建築，廣場已搭建舞台放置音響，想是晚上有表演，有些長者已坐下等候。閒逛半天，幾個朋友吃當地雪糕，然後在一間中東食肆吃晚餐。夏日到南歐好處是陽光充沛，黃昏如白晝，晚上九時仍有陽光，適合露天飲食。我們叫了雞翼、沙律和包，先到收銀處付款然後由侍應送來，味道不俗。

托雷多古城——千年歷史活教室

> 由青銅年代起托雷多已有人聚居。公元前一世紀被羅馬人佔領，六世紀成為西哥德人首都，一〇八五年進入天主教年代，一〇八八至一五六一年為西班牙首都，現保留中世紀建築特色，融合基督教、回教和猶太教文化，為世界文化遺產之一。它有險峻的山丘地勢，Tagus河環繞城市，加上多重城牆，是古代理想天然防禦屏障。

歐洲教堂巡禮

> 哥德式建築盛行於十二至十五世紀，建築物瘦長尖鋭，教堂尖頂往上伸延，彷彿可跟上帝接觸，傳説尖塔可讓天使飛累時蹲着休息。我每次經過都會停下來仰望，可惜至今不曾碰見；巴洛克式教堂在十七世紀出現，最著名的是世界最大的聖伯多祿大教堂。跟哥德式對比強烈，以寬闊圓渾代替狹長，有大量華麗裝飾品、油畫和雕像，採光多不如哥德式神秘；摩爾式建築物早在八世紀出現，見於清真寺，特色是多柱和拱門，雕刻精緻用色明媚。在北非和南歐有不少清真寺變教堂，或教堂變清真寺，在原本建築物上改建，大家一眼就可認出；新古典式建築物在十八世紀才出現，目的是反對沒落中的貴族洛可可式建築。它主張簡樸、漂亮和實用，馬德里的普拉多博物館就是典型。

阿卡乍堡——見證兩教興衰

最著名的在塞維亞，原是伊斯蘭教王朝建築，後加入天主教建築物，佔地廣闊。哥多華的阿卡乍堡也可見伊斯蘭教跟天主教王朝的興衰。各城市的阿卡乍堡各有故事，但我們全部都沒有內進參觀，只是經過城牆。友人笑說又有「炸雞堡」，在門外拍照便算。

塞哥維亞——勝利之城

名稱可解作「勝利之城」，舊城位於山上，整個城市像大型博物館，舊城區和水道橋同列為聯合國世界遺產。夏日有不少活動，住一晚更寫意。羅馬人由公元前八十年起統治塞哥維亞，一世紀時興建水道橋，以古羅馬的建築設計完成，全長七百二十八公呎，有一百六十三道拱門，可將十五公里外的山水引入古城。水道橋以花崗岩建成，以今日標準看仍是了不起，不知當日如何興建。

羅馬——沒絕路的永恆之城

相傳羅馬由母狼授乳養大的雙生兒Romulus和Remus所建。母狼下有兩幼兒的銅像，在羅馬多處可見。羅馬稱「永恆之城」，古羅馬帝國對西方文明有深遠影響，西方人說「條條大道通羅馬」，近似我們說「柳暗花明又一村」，人生不會有絕路，總有條路讓你到目的地。另一句常說的是「羅馬非一日建成」，訂立目標後要按步就班，不能一步登天。到羅馬看鬥獸場和古蹟時，不妨留意他們如何重視水源。它亦稱「噴泉之城」，街上的水都可直接飲用。古羅馬帝國統治過的地方都留有其建設的水利工程，還有澡堂。他們在不同地方建設水道橋，除西班牙，法國南部嘉德都有（Pont du Gard Roman Aqueduct），外型近似，同樣兩千年如一日的旁觀世情變幻。

第6天　馬德里——塞維亞——卡莫納——塞維亞

與戈雅名畫及向日葵擦身而過

留在馬德里的最後一日，有些朋友在早上逛博物館、有些逛街，我到教堂附近閒逛，看見有人結婚，花車十分別致。馬德里著名的普拉多博物館是新古典建築，單是西班牙天才畫家的作品已教人嚮往，當中的傳奇也許能增添看畫趣味。西班牙國寶級畫家戈雅（Francisco Goya, 1746-1828）有兩幅聞名油畫，並耐人尋味。普拉多博物館和國立蘇菲亞王妃藝術中心附近街道都有企鵝像，每條有不同顏色和圖案，藝術走入大眾尋常生活。

下午退房後，帶同行李一起到阿托查火車站，準備到塞維亞（Sevilla）去。火車窗外向日葵一望無際，但不能停下欣賞。下午二時三十分到達Sevilla Santa Justa火車站，乘計程車到達訂好的住所。西班牙有許多稱"apartment"的住所讓旅客租住。稍梳洗後乘輕鐵到San Sebastian巴士站，到卡莫納（Carmona）城內徒步遊。它是個小城市，約在一二四七年建成，原文有「破曉前晨星閃耀」的意思（as the morning-star shines in the dawn, so shines Carmona in Andalusia）。到達車站，沿路走上半山，遠眺風景一般，唯一好處是發現有生果店，買了大包價廉物美的車厘子，稍為清洗即時吃。有朋友問店主可有洗手間，她說沒有。其實店內一定有，只是不想外借。友人徒步十多分鐘到附近酒店才能借用洗手間，來回超過半小時。我總想置身海報似的花海，到荷蘭花展時以為可走入鬱金香花田，發現只能眺望，不可入去拍照。花海是美麗的想像，若任由遊客走進去一人踩一腳，花海也不成花海。那是整個西班牙旅程唯一感失望的，也許其他選擇太好。

七十年前的光圈快門

當日天氣炎熱，小城遊人不多，在教堂廣場看見代客拍照的阿伯，相機有生果籃那麼大，寫上「desde a su servicio 1942」，架上腳架，相信是七十年前投入服務，隨時可放進歷史博物館啊。除相機外，還有兩塊比人高的彩色畫板，一塊是穿中世紀西班牙貴族服裝的男女，臉部中空，讓客人將臉擠上去；另一塊是四個圓圈和不同古裝衣物的人身，可四人合照。阿伯這樣為遊客拍照，每張照片八歐元，約港幣八十元。有外國情侶示意拍照，阿伯要他們站在佈景後，將頭貼近圓圈後按快門。

相機即時吐出照片，他將照片放進自備的小水桶內浸藥水，只見影像慢慢浮現，阿伯將它放在相機前再拍攝一次才給客人。那是質素極差的黑白照片，只見小情人高興付錢離開。同行朋友也光顧，等照片時，阿伯說這門生意有幾十年歷史，他跟爸爸開始做的，更掏出銀包讓我們看他兒孫的照片。這是七十年前科技的黑白照片，「鬆郁矇」齊全，相信遊人光顧阿伯，也是支持他堅持至今，而非單純為了拍照。拍照後四處逛，回程時見他坐在階梯等生意，再跟他打招呼，但他看不見我們，相信視力已退化，單憑感覺拍照，敬業樂業。

夜觀吉卜賽人歌舞

我們在小城看教堂和街頭建築，由於是夏天，黃昏如白晝，逛了半天才乘巴士回塞維亞。塞維亞是佛朗明哥（Flamenco）發源地，那原本是流落到西班牙吉卜賽人的歌舞，由十九世紀起於塞維亞盛行。演出的人會即興吟唱和跳舞，時而哀怨纏綿，時而憤怒激動，時而熱情奔放。現在的塞維亞有不少演出場地，我們到達塞維亞旅館時，接待處職員已介紹兩間，一間較便宜，不包飲品，但我們趕不及去看；另一間分兩場，頭場20:00至22:00，尾場22:30至00:30，晚飯後可看尾場。

我們匆匆從卡莫納返回塞維亞，在廣場附近的餐廳吃飯，餐廳坐位不少，但只有一兩個侍應。為免遲到欣賞舞蹈，便吃輕便食物。結帳時找不到侍應，只餘一人在工作。不少人要結帳，他拿着一疊單，我們走到他面前催促，他只管說等等，早知趕時間吃晚飯會令人焦慮，就省卻這餐，隨便買個麪包算了。結帳後趕往演出場地，在小巷內問了幾個路人，包括走入附近酒店問接待員，最終趕到。我們遲到，幸好也遲開場，想來我是首次在晚上近十一時欣賞表演。

宣傳單張寫節目於一九六六年首演，入場費三十歐元，包一杯五歐元或以下的飲品，在汽水和sangria之間，我當然選後者，不過紅酒不多，味道一般。舞台細小，結他手和歌手在一角，先來穿墨綠色長裙的舞者，她是「富泰媽咪型」，雖然聽不懂歌詞，也知是幽怨歌曲，舞者演出一般；第二節舞者像退役已久的；第三節舞者較年輕，穿紅色長裙，配合輕快歌聲跳舞，現場氣氛較佳；第四節是男舞者，身型保持得很好，旋轉速度極快，相信十多年前是一流舞者。原沒留意他前額頭髮稀疏，但起舞前他愛用雙手將所有頭髮向後掃，不斷重複動作，便讓我為他的頭髮着緊，怕再掃就掃無可掃啊。最後有結他獨奏和羣舞，儘管不是頂級製作，起碼知演出者沒欺場，近三十個觀眾都滿意離場。離開酒館，發現半夜的塞維亞仍然熱鬧，大教堂在燈光和月色下非常美麗，遊人來來往往，不用睡覺嗎？

戈雅——貴族女人湯丸

戈雅能把人畫得美麗動人，王室貴族女性都想成為其模特兒，圍住他團團轉。他最終選了公爵夫人為模特兒，畫足四年。如看過電影《鐵達尼號》，大可想像公爵夫人像片中的露絲，全身赤裸的半躺在長椅，雙手像枕頭似的放在後腦，神態自若地讓畫家繪畫。閉門畫畫多年，傳聞為免公爵「突擊檢查」，早已畫好一幅相同的畫，畫中人穿上衣服的。傳聞歸傳聞，考證指穿衣的一幅是公爵離世後才畫，但兩幅畫美女外型一樣。畫名分別為《穿衣的瑪哈》和《裸體的瑪哈》。「瑪哈」在西班牙文可解作「美女」，猜猜哪幅較受歡迎？是裸體的較受歡迎。為紀念戈雅逝世一百周年，政府用這幅畫印成郵票發行寄到各地，某些地方衛道之士大為震驚，上世紀三十年代的印刷品罕見裸體美女啊。西方油畫女神多是裸體，可從衣飾看到畫中人的時代背景和階層，沒衣飾的人像超越時空展示人體美。逛美術館常看油畫和雕刻，自然懂欣賞裸體藝術美態，不必抱色情目光。

第7天　塞維亞——馬拉加

圍繞大教堂團團轉

塞維亞歷史悠久，曾被羅馬和摩爾人統治，由於是西班牙唯一有內河港口的城市，在哥倫布發現新大陸後，曾是船隊在南美洲回來的首站。西班牙諺語：如果你未到過塞維亞，不會知何謂奇蹟。塞維亞古城保留羅馬、哥德、巴洛克式和文藝復興時期的建築，出發前我看過四本西班牙導遊書，有三本寫塞維亞大教堂（Catedral de Santa María de la Sede）是世界第三大教堂，亦有一本寫它是世上最大的教堂之一，當然要看。不少遊客選擇走上原是清真寺尖塔的塔樓，可將整個城市的美麗風景盡收眼底，整座教堂逛一遍起碼要兩小時。

教堂是信徒親近神的地方，不應收入場費，不過保養維修處處花錢，漸多了教堂收八歐元左右的入場費。幸好教堂均劃有免費範圍，讓人內進默禱或閒坐，將講壇部分設在不收費區。我們參觀塞維亞大教堂的部分要收費的，不少遊客排隊入場，在教堂跑來跑去已是半天。在教堂對面的露天餐廳吃早餐，大概港幣三十元的早餐有橙汁、麵包和咖啡，環境一流，可望見遊客乘教堂外的馬車漫遊舊城。吃罷到大教堂去，其實整個塞維亞旅程都圍繞大教堂團團轉。大家欣賞不同細節，我則喜歡門外的銅像。下午離開塞維亞，乘計程車到Sevilla Santa Justa火車站，乘搭17:25火車到馬拉加（Málaga），那是畢加索故鄉，他由出世到十歲都在這兒度過。去到火車站才想起沒吃午餐，因在塞維亞大教堂逗留太久沒時間吃飯。有朋友在附近快餐店買豬大包，在火車站大堂慢慢吃。

酒店大堂有滑梯

坐上火車，兩個半小時後在19:55準時到達馬拉加，由於只留一晚，便住在火車站旁的酒店，也是西班牙旅程房租最貴的酒店。精品酒店用前衞設計吸引遊人，但我喜歡環境舒服自然，總覺得近年流行的設計過於獨特，寧願選古雅的。最難忘的是北非卡薩布蘭卡的酒店，讓人走進五十年代的黑白荷里活電影似的，電梯是拉閘的籠子，房間很大，以厚重拖地的紅色布替代廁所門，浴缸有四隻腳，幸好有抽水馬桶。是否喜歡是一回事，設計獨特是事實，像馬拉加的酒店大堂也讓人驚喜。接待處細小，只有一個西裝筆挺的男人當值，大堂中央竟有道彎彎滑梯，住客可走上二樓從滑梯滑到地下，我第一次見。

酒店每層樓以走廊分開兩邊房間，一邊古雅設計，一邊帶科幻色彩，在走廊行過，恍如穿越時空。不過，兩邊房間內部設計一樣，我不太喜歡鮮紅和金銀色，幸好房間用色正常。由於近火車站，窗外沒景觀，房價貴在方便。最近上網重看那酒店的資料，便明白設計行程和訂房的朋友是多麼辛苦，房價分旺淡季，不時有特別折扣，我看到有點頭暈。

教堂不是用來鬥高鬥大

世上最大的教堂是梵蒂岡的聖彼德大教堂，置身其中逛來逛去都逛不完，彷佛可走進永恆。有導遊書寫第二大教堂是倫敦的聖保羅大教堂，即查理斯跟戴安娜舉行婚禮的，二〇一三年前首相戴卓爾夫人的葬禮也在這兒舉行。我曾入內參觀，不覺那麼大，反而覺得俄羅斯有些東正教堂宏偉龐大，也許觀感跟實際面積計算不同。世上最大最高等排名，歷年都有爭議，有説計算高度和闊度，有説只以基督教教堂排名，也有分為巴洛克式和哥德式教堂排名。簡言之，不同資料有不同排名，我認為並不重要，教堂是敬拜神的地方，不是用來鬥高鬥大。塞維亞大教堂在一四〇一年重建，就是要造出驚世漂亮的大教堂，也是奇蹟之一，一九八七年選入人類文化遺產。

哥倫布——國王也為他扶棺

哥倫布的靈柩自一八九八年從古巴運回西班牙後，就長眠在教堂的哥倫布墓。哥倫布對世界有深遠影響，在沒有先進航海技術下，他只是綜合當年技術，以無比勇氣帶船隊從西班牙出發，令西班牙成為富甲一方的國家，直至今日，西班牙文仍是世上廣泛使用的語文之一。世人都記得哥倫布，未必記得當年的國王，生於帝王家的不一定比平民幸福。哥倫布的棺槨有四個扶棺像，分別為Castilla、Leon、Aragón和Navarra，都是哥倫布航海時期的國王。

塞維亞大教堂——祭台華麗、公眾座簡陋

歐洲有不少教堂是不斷改建和擴建，教堂反映當地歷史。塞維亞大教堂是西班牙後巴洛克時期建築的標記，也是世上偉大的教堂之一。原是摩爾人所建的清真寺，約於十二世紀建成，即使改建成教堂，仍保留伊斯蘭建築特色的尖塔和奠基牆，部分入口保留原來建築，圍繞教堂走一遍，彷彿走過近千年的西班牙歷史演變。歐洲教堂祭台大多由教會出資興建，公眾席由政府建設。大部分教堂的祭台華麗嚴正，公眾座位相對簡陋。塞維亞大教堂由哥德式殿堂組成，可見當年教會非常富有。主禮拜堂也稱「黃金祭台」，祭台後是巨大雕刻，由多位工匠花八十年雕出過百位《聖經》人物雕像，為西班牙藝術瑰寶之一。聖器室更有戈雅的名畫，簡直像藝術館。

第8天　馬拉加——格拉那達

不曾體會馬拉加陽光的人，無法創出立體繪畫的

我們早上起來，有朋友感到疲累留在酒店休息。我們沿舊城閒逛，隨意走進一間餐廳吃早餐，我吃蕃茄醬多士和咖啡，還有橙汁，大概二十港元左右。我感到在歐洲旅遊，單是追蹤天才足迹已夠忙，像畢加索，巴黎和巴塞隆拿都有其個人美術館，由他的藍色時期、粉紅色時期到抽象階段都有，反而在他的出生地馬拉加展品不多。他童年在馬拉加生活，那是陽光與海灘的城市，有長長泳灘。可惜沒時間游泳，只到沙灘吹風，也許時間尚早未有泳客。

沿海岸線走，就是直布羅陀海峽，燈塔和仿古大船在海上倒影晃動，看得人心曠神怡。馬拉加舊城有畢加索故居（Casa Natal de Picasso），展示其童年照片和物品及家族文獻，地方不大。另有他的美術館（Museo Picasso de Málaga），收藏兒媳捐贈出來的作品，大概有二百件，包括油畫、雕刻和陶器，但不是畢加索最好的作品。在歐美，常見人與人之間的尊重。尊重無法量化，也不能清晰定義和解釋。沒教養的人可到死都不知何謂尊重，只管為自己的「幸福人生」沾沾自喜。

遊畢加索的西班牙故居，聽到售票員問幾個遊客是否senior citizen，提醒長者可買優惠票。在歐洲看見長者拿拐杖上街，或遇見手腳痙攣以

至外觀有毛病的人，途人一視同仁，不會以另類眼光細看。愈多負面標籤的社會愈快淪落，大家不必跟我爭論，讓時間證明一切好了。我不時在專欄談及詞彙和尊重，一再寫吃力不討好的題材，因為我愛香港，不願看見香港變成我不想住的地方。

馬拉加是細小城市，由火車站徒步可到上述兩處，一逛無妨，沿途可欣賞古城風光，及不少中世紀建築物。如果時間緊迫又想多看畢加索的畫，不必到他的故鄉去，世界各地的著名美術館都有他的作品。不過，有些東西是這兒獨有的，畢加索曾說：「不曾體會馬拉加陽光的人，無法創出立體繪畫的。」那日陽光燦爛，未見有人畫畫，只見公園有兩個小童玩耍，踏在地上四塊可發出音樂的大地磚。它設計獨特，小孩跳兩跳像作了首歌似的。在這兒玩音樂磚的小孩，說不定有天成為音樂家啊。

老闆大方，咖啡任飲

下午回到酒店，發現休息的朋友早已起來，還到附近的超市買了大量食物，包括白灼蝦、風乾火腿和車厘子等。酒店大堂一角有桌椅，我們就在那兒吃午餐。取回寄存在接待處的行李後，乘15:00的巴士到格拉那達（Granada），17:00到達，先乘計程車到酒店。酒店比馬拉加的便宜得多，有點像青年旅舍。大堂在一樓，要拿行李上十餘級樓梯。那兒有兩部電腦讓住客上網。右邊是咖啡室，房租包早餐，早上可在那兒吃自助餐，不過只有麵包和粟米片。老闆非常大方，咖啡機可讓住客隨意喝咖啡或茶，不另收費。房間在二樓，沒電梯，要自己拿行李上去，我的行李不重便自己拿上房。不過，幾個朋友的行李箱既重且大，跟接待員說將行李箱留在那層儲物室，只帶當晚要用的東西上房。晚上四出閒逛購物，廣場有哥倫布謹見伊利莎伯女皇的銅像。對西班牙人來說，哥倫布是偉人。然而，對南美洲的原住民來說，卻是令他們近乎滅族的元兇。

那天是歐洲盃足球準決賽，西班牙對葡萄牙，街上有許多穿球衣拿國旗的球迷，在這些時候，大家對國家歸屬感特別高。在酒館吃晚餐，酒菜美味，有朋友對足球興趣不大，吃罷先行回酒店休息。我們看完全場，酒館侍應固然為西班牙球隊贏波高興。走出街外，看見不少人情緒高漲。半夜十二時以後的街道依然熱鬧。

靠太陽海岸「食糊」

> 公元前一千年，腓尼基人興建馬拉加，到過突尼西亞以後，可看見腓尼基人和迦太基人的興起和沒落。北非跟南歐只是被直布羅陀海峽相隔，我曾經由北非摩洛哥乘船到西班牙去。古時候，羅馬帝國橫跨北非和南歐版圖。在公元前三世紀，羅馬人侵佔迦太基在西班牙的領土，包括馬拉加。公元八世紀，摩爾人統治西班牙，馬拉加是重要商貿中心。一九三六年西班牙內戰期間，馬拉加被叛軍空襲。至上世紀六十年代，馬拉加的太陽海岸吸引各地遊客，成為旅遊城市，主導經濟發展。

摧毀瑪雅文明元兇

曾為寫小説而看瑪雅人資料，他們約於公元前三千多年出現，公元七世紀神秘消失。跟巴比倫人一樣擅長占卜預言。巴比倫人發明占星術，傳説從星象預知滅族，故縱情聲色不事生產。到底是占星準確還是自我完成預言，已無從考證。二〇一二年，各地炒作瑪雅人預言的終結日為世界末日，大家已知非事實，但地球人繼續污染河流，很快也不宜生存。

西班牙人在十六世紀發現美洲，帶火藥槍炮大舉侵略，殺戮瑪雅人後代阿茲特克人，將不少歐洲人已有抗體的天花和肺結核等細菌帶到美洲，足以殺死大部分原住民，令其近乎滅族。西班牙人信奉天主教，當時的神父認為瑪雅文明迷信無知，用火燒毀其古籍和經典，近乎消滅數千年中南美洲的文明，只餘巨大建築及少許圖文紀錄。由於族裔和文明近乎完全消失，又不如印第安人般懂得控訴白人罪惡，現居住在南美的後人，只會讀寫西班牙和葡萄牙文。歷史由勝利者書寫，西班牙記下偉大航海史，想世人忘記其發現新大陸後不斷殺人搶劫、極速毀滅他國文明的過去。

第9天　格拉納達——巴塞隆拿

政府無論多窮都不會露出貪錢嘴臉

早上起來，往酒店咖啡室吃早餐，整個旅程只有這酒店提供早餐，我吃麵包和咖啡，味道跟香港的差不多。吃罷外出四處逛，這兒有寬闊的商店街，有齊西班牙品牌的分店，看不到經濟衰退的痕迹。也許這是旅遊城市，當地人表情比首都較歡容。格拉納達至今保留阿拉伯人聚居的區域，長長的街道售賣獨特貨品。下午便到行程重點阿爾汗布拉宮（阿拉伯文al-qala'at al-hambra，意思是「紅色城堡」）參觀。

西班牙政府無論多窮都不會露出貪錢嘴臉，快破產也不願破壞祖先留下的文化遺產，許多地方限制入場人數，有錢不賺。這是我到過最大型的摩爾式建築物，一二三二年在老城改建的基礎上逐步形成目前規模。這吸引全球遊客參觀，為控制人數，每日售票六千六百張，二千張即場發售，門票非常搶手。我們在一個月前訂購下午二時入主宮殿（Palacios Nazaries）的票，限三十分鐘內使用，逾時無效，有兩個人看門票時間，以免有人在錯誤時間進場。其餘場地有梅斯亞爾廳（Mexuar）、科瑪萊斯宮（Comares）和香桃木院（Patio de los Arrayanes）。香桃木院長三十六米寬二十三米，香桃木享有「愛神木」美稱，花語（象徵）是「愛情蜜語」，多種於安達盧西亞地區。此外，使節廳（Salon de Embajadores）、國王廳（Sala del Rey）和兩姐妹廳（Sala de las Dos Hermanas）等都可隨意參觀。當天著名的獅子庭院（Patio de los Leones）正維修，看不到中間由十二頭石獅子馱起的水池。

遲到者門票作廢

為免遲了入主宮殿令門票作廢便早到排隊，前面有兩個老到行路腳震震的長者。守門人指其門票是二時三十分，比我的遲三十分鐘。換了是我，便放兩個長者入場。守門人不許他們進場，但有點於心不忍，便遙指附近的咖啡室建議他們飲杯咖啡。有兩位內地旅遊書作者說，幾年前在沒留意門票時遲到入場，便晴天霹靂，以為這輩子無機會內進參觀，幸好守門人網開一面讓他們內進，可見極富人情味。

不過現在有兩重關卡：一個人先看時間；接近入口時，另一個守門人會掃描門票條碼，即是同一張門票在時限內不能用兩次。沒留意時間的人，遇上守門人獲通融當然幸運，但不能同獲兩人准許進入也是正常。所以，出外旅遊記得細讀所有門票的文字啊。由於嚴格控制人流，同一時段走在宮殿的人不太多，四周都有保安，寫明不許到處觸摸以防損毀文物。我見有女人站出花園拍照，即有保安員喝停，她嚇到跳回走廊去。

宮內花園有許多水池，綠色植物跟池水倒影漂亮。宮中保留獨特細緻的花飾，看似很難雕刻，不過工匠懂得用石膏製模大量複製，工整漂亮的花紋在電腦圖案流行的今日已是罕見。最著名的獅子庭院剛好維修。不過，看過無數圖片後只覺十二隻獅子像巨大的貓，那是不同文化的獅子圖案，像中國的南獅和北獅，跟現實的獅子相距甚遠。遊罷便到餐廳吃晚飯，然後回酒店拿行李乘巴士到火車站。我們預早購買22:15的臥鋪車票到巴塞隆拿，沒料到火車很遲到站，拿大行李等夜車特別令人緊張。夜車臥鋪的單人房票價約港幣一千元，雙人房六百元左右，坐位約四百元。在火車睡覺不算舒服。天亮時，有職員叩門叫醒乘客，準時在09:29到達。

■ 阿爾汗布拉宮

一四九二年「歸西」

格拉納達跟馬拉加相若，公元前有腓尼基人、迦太基人和古希臘人居住，後來由羅馬人統治。格拉納達在一〇一三年成為獨立的蘇丹王國，直至一四九二年一月，蘇丹人投降，結束在當地長達七百年的統治，格拉納達便歸為西班牙的一部分。對西班牙人來說，一四九二年是重要的一年。

憶起故宮，但無謂再說

阿爾汗布拉宮讓我想起中國故宮，每次談各地王宮，都說最喜歡北京故宮，喜歡蘊含陰陽五行的建築設計，也喜歡天地方圓層層疊疊的建築羣。不過，所有到過故宮的人聽到我讚故宮，都會流露一臉鄙夷，不知是藐我還是藐故宮。我在隆冬初到北京逛過故宮幾次，每次遊人不多，感到王朝氣派猶在。也許我從小喜歡中國建築，既欣賞其雕欄玉砌，也愛聯想悠悠數百載的故事。大部分人覺得故宮擠迫喧鬧，說起來仍有厭惡之情。以故宮賺錢者無所不施其極：不限制入場人數，任由人性貪婪無知毀滅美好一切，不乏見錢開眼的官僚，以至不懂珍惜古蹟文物的遊客。

北京只要有場暴雨，就會讓人看見人禍的可怕。古代建築師早已懂在宮殿外開鑿護城河疏導積水，今日的北京竟沒保護城市的地下水道，任由豪雨成災，貪污腐敗足以草菅人命。到底由哪時開始，人命傷亡竟變成國家高度機密？所謂的國民教育課程會教嗎？我說喜歡故宮也不過是記憶中的，無謂再說喜歡故宮吧。

第10天 巴塞隆拿

火熱沙灘眾生相

火車準時在09:29到達巴塞隆拿火車站，由於連接地鐵站，輕易便轉地鐵到已訂好的旅館。整天主要遊覽高第傑作，本打算先遊聖家堂，卻見人龍太長，轉到他設計的大廈和公園。高第留在巴塞隆拿的設計有維森之家（Casa Vicens）、聖家堂（La Sagrada Familia）、奎爾房地的小舍（Pavellons de la Finca Güell）、奎爾宮（Palau Güell）、聖德肋撒學院（Col.legi de les Teresianes）、卡爾倍特公寓（Casa Calvet）、奎爾公園（Park Güell）、巴特婁公寓（Casa Batllo）和米拉之家（Casa Milà）等，沒有時間一一參觀，只到過幾處，個人最喜歡聖家堂和奎爾公園。整天市內觀光只乘地鐵，到加泰隆尼亞廣場（Plaza Catalunya）閒逛後來到沙灘，看起來水清沙幼，因行程緊密未能游水，只能在附近閒坐，之後又要去其他地方了。沙灘有兩班人玩沙灘排球，他們相距甚遠：一邊各有四男女混戰；另一邊有五人，一男一女跟一男二女對打。

我們坐在附近，見有三個女人穿T-back比堅尼露出九成身體，穿紅色比堅尼的少女自覺漂亮，應不是兩個同行男人的女友或妻子。兩個穿淺色和花花比堅尼的女人明顯曾經生育（嗯，我的大腦不自覺浮現婦科資料），即使肚腩鬆弛加橙皮紋層層疊疊，穿T-back都充滿自信。至於兩個穿沙灘褲的男人都有肚腩，花在拾球的時間比打球的多。有個女人獨自坐在沙灘曬太陽，只穿下截比堅尼，看來六十開外，坐姿悠然自得，沒站起也沒有躺下，我離開時仍見她坐在那兒。外國沙灘總是這樣，無論是比堅尼少女還是無上裝阿婆，「收視率」同樣不高。我見人來人往，個個對別人身體興趣不大，也許要看也看得低調。婦科老師常說女性在夏天別穿太緊的褲，T-back泳褲和內褲更是少穿為妙。至於阿婆在沙灘曬太陽相信是健康活動。不過，女性在香港沙灘裸露上身是違法的，八十歲的也不例外。

冷氣不能調較到二十四度或以上

晚上在旅館附近的食肆吃飯，那是位處望向聖家堂的行人專用區，遊人不少，也許專做遊客生意，這是我旅程中最不滿意的一餐。回到旅館，不免跟塞維亞租住的旅館比較。前者是複式單位，樓下有客廳、兩間睡房、廚房、洗手間和洗衣房，走上樓梯的閣樓有兩張床、衣櫥和洗手間，不嫌擠迫的話住八個人也可，客廳的沙發可以拉開變成雙人床。巴塞隆拿的單位在市中心，每層都貼上「安靜」圖文。我們租住的有三房一廳，美中不足的是只有一個洗手間，但廚房很大，還有洗衣房。每天有人來收拾，奇怪的是只收拾而不洗碗，任由碗碟堆在一起，我們只住四晚當然不洗碗，幸好有許多碗碟和餐具用。

由於只有客廳有冷氣，我的睡房又沒有窗，自然打開房門睡覺。第二天醒來，大家說起首晚入住發生維修冷氣事件。鄰房朋友說聽到有人入屋即醒，問我是睡覺還是昏迷了。話說晚上沒有冷氣，朋友找接待處的人來看，對方說不懂維修，儘管一看。擾攘半晚，只有我完全不知。難怪先前住酒店都覺得冷氣古怪，一是太冷，一是全無冷氣。原來，不少西班牙冷氣機不能將氣溫調較到二十四度或以上，調較氣溫不夠低會自動停止運作，我們竟然到最後一站才知道。我問幾個朋友平日睡多少小時，答案是六小時左右，難怪旅行時總是我最早睡又最遲起床。我覺得睡八小時很正常，想不到已是「豬託世」啊。

巴塞隆拿的獨立呼聲

巴塞隆拿（Barcelona）名稱源自古代腓尼基語Barkeno，中世紀曾用Barchinona、Barçalona、Barchelona及Barchenona作地名。據説，巴塞隆拿由迦太基將領漢尼拔（Hannibal Barca，公元前247-183）的父親所建，他是迦太基最重要將領，英勇事績記入歷史，想不到傳説巴塞隆拿的名號由其父親而來，不少美術館都有其雕像。

迦太基滅亡後，巴塞隆拿由羅馬人統治，成為古羅馬時期的貿易中心。但當年的建築大多隨時代湮滅，只有「哥德區」仍可看出昔日的格狀規劃。西元五世紀早期，巴塞隆拿被西哥德王國征服，八世紀由摩爾人統治。後來由於王室聯婚，巴塞隆拿伯爵頭銜由阿拉貢國王拉米羅二世繼承，加泰隆尼亞併入阿拉貢王國。加泰隆尼亞成為西班牙的一部分，合併成今日的西班牙，獨立性日漸減少。然而，巴塞隆拿一直保持自己的語文和文化，至今仍有加泰隆尼亞獨立運動。近年經濟衰退，巴塞隆拿是賺錢最多的城市，但納税給中央政府以後，人民得到的並不多，獨立呼聲更響。

公主靠一塊牛皮立國

迦太基是傳奇國家，相傳Tyer國（位於現今黎巴嫩海岸）公主知道剛得王位的兄長會對她不利，便跟兄長說外遊一會，實是逃亡。在公元前八一四年，她跟隨從乘船離開到達北非，跟原居的柏柏爾人首長要求借一張牛皮之地暫住，首長答允，並承諾給她牛皮圈起的土地。公主命人將牛皮浸軟，然後剪成幼條綁好，將沿海的山丘圍起來，在那兒建立了城市Byrsa（希臘文「牛皮」之意），後來發展成迦太基。散居北非的原居民被西方人稱為柏柏爾人，意思是「野蠻人」。但從此故事可見，柏柏爾人也很文明，且言而有信，很少民族首長辦得到吧。反而，相傳迦太基人喜愛侵略鄰國，用火燒毀一切。後來羅馬人入侵用火將迦太基燒毀。公主用牛皮得到的國家，最後一無所有，連一條牛毛的地方也沒有。

第11天　巴塞隆拿

登聖家堂觀四周美景

到大城市旅行，不妨預先到超級市場買早餐，尤其是買生果和沙律。在街上用餐太多，更想在旅館吃點簡單東西。早上起來打開冰箱，拿出紙包凍湯、果汁和沙律，加上麪包和火腿已是豐富早餐。由於廚房可煲水，沖杯三合一咖啡也很方便，儘管不及餐廳的咖啡美味。

這天到聖家堂參觀，徒步行去做首批內進的遊客，能走進這偉大建築真的很開心。我們買票乘升降機上頂層，俯瞰四周景色，然後由螺旋型樓梯慢慢走下來，在教堂裏裏外外走了多遍，非常開心。前教宗本篤十六世曾到聖家堂主持彌撒，教堂內有電視不斷重播當日盛況。跟其他教堂不同的是，即使是主壇前位置都可任人拍照，只要不站在路中心，有職員會提點大家坐好。我們坐在那兒就拍得不亦樂乎。

下午到蘭布拉斯大道（La Rambla）逛街，盡頭是哥倫布紀念塔（Mirador de Colom），建於一八八八年。小學時聽老師說哥倫布事蹟，覺得他很偉大，後來看多了南美和非洲歷史，對他再無好感。不少西班牙城市有哥倫布像，這兒的紀念塔更有電梯讓乘客直達六十米高的塔頂，但我們沒有上去。

第12天　巴塞隆拿

彩虹旗下的合家歡嘉年華

每個月第一個星期日，畢加索美術館免費開放，早上逛遊後在禮品店逗留半天。畢加索成名已久，這是他生前興建的美術館，為加泰隆尼亞式建築物，中庭採光，可惜這天落雨看不到陽光曬進來。我在各地的美術館看過不少畢加索名畫，來到他的出生地西班牙，發現這位天才非常勤力，他繪畫每幅作品前會畫大量素描，然後不斷改善。每幅畫背後都有幾幅近似的畫，甚至有幾十幅初稿。看似不經意的立體繪畫，實際經不斷嘗試才成功。下午走到巴塞隆拿的西班牙廣場（Placa d' Espanya）閒逛，附近有大型活動，原本想看看可有美味小食，遠遠看見大型橫額寫有活動名稱。我猜上面的西班牙文寫的是「家庭日」，但同時看見同志彩虹旗和汽球，當下無法將同志和家庭聯想起來，入去逛一圈才知是同志家庭日。

西班牙的同性婚姻有法律保障，同志會舉辦合家歡嘉年華。入口處見幾個小孩玩吹氣恐龍屋，即是香港屋苑會所常見的膠製波波池，小孩走入去跳跳跳那種。過了恐龍屋是兩旁有小攤位的大道，盡頭是搭建好的舞台，前面放了十數排椅子。由於下雨，相信露天音樂會無法舉行，儘管台上已放好樂器和音響。當日天陰有雨，下午更下傾盆大雨，也許因天氣欠佳，參與的人不多，大概有十多個小孩跟爸媽來玩，看來在攤檔的工作人員比遊人還要多一點。

同志婚姻和同志養育孩子都是富爭議話題，我無意詳細討論，只是寫出我看見的事情。單憑個人所見，不少男同志愛穿鮮色貼身牛仔褲，我覺得蠻好看。反過來說，愛穿鮮色貼身牛仔褲的男人不一定是同志，可不要亂貼標籤啊。我並非同性戀者，但多年前為訪問同志，刻意看相關書籍，才知旗幟原有八色，後因亮粉紅和靛青較難染色，最終變成現在的六色，各有意義：紅代表生命（原本亮粉紅代表性，取消以後，紅色同樣代表性）、橙是治療、黃是陽光、綠是自然、青藍是藝術、紫是精神層面。任何人都可自由使用六色彩虹，只希望在面書換襯底頭像的人都理解彩虹意義——世界需要更多更多更多的愛。

黃昏再到蘭布拉斯大道逛街，由於整天下雨地面濕滑，我穿人字拖四處去，豈料落地鐵站時腦海自動「飄移」，不專心一腳踏空，差點跌到「攤攤腰」。幸好有個阿伯用「大力金剛爪」抓住我的手臂，一手扯住我才能於雙腳滑下兩級樓梯後站定，而非一滑到底令背脊或後腦撞落樓梯啊。相信他是當地人，穿背心、百慕達褲和涼鞋，個子不高一頭白髮，看來六十開外，想不到眼明手快兼力大無窮，也許是真人不露相的武林高手，我千多萬謝後，同行朋友才發現我幾乎跌倒。

立法保障同志婚姻的國家

美國聯邦最高法院在二〇一五年六月二十六日裁定同性伴侶有權在全美任何地方結婚，不少品牌即時換上六色彩虹版，Facebook更讓用戶輕易換上彩虹襯底頭像，彩虹頭像很快洗版又洗版。到過西班牙旅遊，才留意西班牙是歐洲第三個立法保障同志婚姻的國家。大多數西班牙人是天主教徒，也有東正教的，當然有教徒反對同志婚姻，卻無阻西班牙政府於二〇〇三年七月三日讓同志婚姻合法。首個保障同志婚姻的歐洲國家是荷蘭，在二〇〇一年已立法，第二是比利時，於二〇〇三年立法。

第13天　巴塞隆拿

在外地旅遊，不妨到當地的大學閒逛

我們所住的旅館靠近聖保羅醫院（Hospital de Sant Pau），相信這是西班牙最多遊客去的醫院，附近有同名的地鐵站，跟聖家堂遙遙相對。這醫院已列入聯合國世界文化遺產，出自天才建築師Lluis Domenechi Montaner（1849-1923）手筆。也許遊客多了影響醫院運作，目前已謝絕參觀，只是每天早上有兩團收費導賞團，分別為英語和法語。我們早上走去參觀時，職員說醫院正擴建中不可隨便進入，難怪不見有其他遊客了，也省下導賞團費用。

據稱，現正興建中的新醫院落成後，可騰空原有建築物作博物館，好讓遊客慢慢參觀。聖保羅醫院附近是座教堂，但沒有開放，再走過一點是以眼科為主的大學。校園不算太大，跟醫院和教堂同是伸延出來的同類建築羣。世界各地的大學很多都向人開放，部分還開放圖書館讓人看書。不過，也許近年遊人實在太多，大學也關注到保安及學生難以使用設施的問題。故此，部分城市的大學已不太歡迎遊人使用其設施。這眼科大學還是對外開放的，紅磚建築物古雅漂亮。當日有學術會議進行，不少師生三三兩兩走過，可惜小食部環境和食物看來質素一般，故此沒坐下來喝杯咖啡。這所大學校園，讓我有種朝氣勃勃的感覺，四周充滿書卷味，學生對未來充滿期待。時間許可的話，大家在外地旅遊時也不妨到當地的大學閒逛。

下午參觀大教堂，看見空地有些長者跳舞，又有疊羅漢表演，爬到最頂的小妹妹只有幾歲，戴上頭盔，疊在下層的隊友不時伸手幫助她。我不知這類街頭表演可要付錢，只是附近有攤檔賣汗衫，連忙買兩件當作支持，大概一百港元一件。汗衫應是西班牙製造，質地不錯。在舊區閒逛，整天都有種悠閒感覺。黃昏乘地鐵到購物區，朋友要買巴塞球衣做手信。當地有兩間巴塞專門店，我見背包減價，也買來做手信。七月一日開始夏季大減價，購物的人大增，我也買了些衣服，當然每件都會穿到舊的，即使快速時裝價廉物美，也不可隨意浪費地球資源啊。

不願壓價，讓大家生活愉快好了

在城內攤檔見設計獨特的耳環，寫明用棄置CD循環再造，索價十二歐元，我問十歐元可好，檔主說她親手製造的，她要生活故不能減價。我連忙拿出十二歐元，希望她可好好生活啊。在禮品店看見小王子耳環，雙面設計，十二歐元一對，我開價買兩對二十歐元，店主同意，但找不到第二對，買一對就不能減價，由於不是原創，我沒有買。最後一站在巴塞隆拿看見差不多的小王子耳環，只得一面圖案，賣十歐元，我還買了飾物和印有名畫的首飾盒，問句可有折扣。店主說對不起，沒有折。不過，他送了條小熊手鐲給我「替代」減價。我在西班牙不同城市，跟不同小販購物的心得是不必議價，問也無妨。西班牙有一半年輕人失業，要做小販賺生活費，我實在不願壓價，讓大家生活愉快好了。

第14天　巴塞隆拿——法蘭克福——香港

別忘記能夠笑住工作是福氣

最後一天留在巴塞隆拿，在旅館吃過早餐後收拾行李，乘計程車到機場。因退稅非常麻煩，要預多點時間。辦妥出境手續後，機場還有許多商舖，包括巴塞球隊專門店，逛了好一會才到候機室。法蘭克福機場曾是世界著名機場，今年被選為十大最差機場之一，如評價所言，有點慘淡經營之感，有地方漏水，可見保養維修不足。香港國際機場曾入選全球最佳機場，近年由新加坡的樟宜機場當選，從機場轉變也可見不進則退的道理。

以整個行程所見，西班牙人喜歡笑是不爭事實，倒不知是否全球微笑最多。我光顧的食肆全部人手不足，但侍應笑容可掬，落單起菜快捷準確，無論如何忙碌，未見過人拉長臉。你喜歡讀書嗎？上學時會否微笑呢？你熱愛工作嗎？公司要求你保持微笑的話，相信你會笑，但那層笑容只能停在表皮，跟情緒無關吧。我從不要求別人笑，無論購物和飲食，服務員想笑就笑，不想笑就不要笑，勉強微笑只會令看和笑的人都不舒服。上學和上班佔人生不少時間，喜歡工作代表擁有許多歡笑時光。不妨為身心健康設想，上學和上班的時候開懷笑笑，別忘記能夠笑住工作是福氣。

全球微笑指數最高

二〇一二年有多個南歐國家面對破產危機，包括西班牙、希臘和意大利等。也許首都不易居，我見馬德里的人臉容繃緊，幸好其他城市的人的笑容燦爛，讓人忘記失業率高企、經濟一沉不起。二〇一三年四月，有機構以神秘顧客光顧八萬多次收集「微笑指數」。以服務員笑容來說，全球最高的是西班牙，其次是希臘和波蘭，香港和日本同排尾五。我認為港日不可能一樣，喜愛自己職業的日本人遠比香港多，這類排名不必認真。

■ 巴塞隆拿的聖荷西市場。

■ 位於巴塞隆拿聖保羅醫院前的雕像。

■ 巴塞隆拿的聖家堂。

■ 聖家堂內部。

■ 巴塞隆拿的奎爾公園。

■ 奎爾公園內部。

La Pedrera
Artigas
L'home del foc

■巴塞隆拿的卡爾倍特公寓。

■ 巴塞隆拿的聖保羅醫院。

■ 街上的畢家索仿作。

■ 馬德里的蘇菲亞王妃藝術中心。

■ 塞哥維亞的水道橋。

■ 馬德里的熊銅像。